Le Livre de Poche Jeunesse

Le secret du papyrus

Odile Weulersse

Née à Neuilly-sur-Seine en 1938, Odile Weulersse est à vingt ans diplômée de l'Institut des Sciences Politiques, puis agrégée de philosophie en 1969. D'autres intérêts encore la sollicitent : à l'université de Paris IV – Sorbonne où elle devient maître-assistante, elle enseigne le cinéma. En 1984, la télévision réalise une émission dont elle a écrit le scénario. Enfin, quand elle se fait romancière pour conter aux enfants une aventure de l'Égypte ancienne, c'est sur une documentation sans faille qu'elle bâtit son récit, plein de vie, évocateur comme un film.

Du même auteur :

- Les pilleurs de sarcophages - Tome 1
- Disparition sur le Nil - Tome 3
- Le chevalier au bouclier vert
- Le messager d'Athènes
- Les vagabonds de la Bastille
- Le serment des catacombes
- Le chevalier de Jérusalem
- Le cavalier de Bagdad
- Tumulte à Rome
- Le voleur de soie
- L'aigle de Mexico
- L'arlequin de Venise

Odile Weulersse

Le secret du papyrus

Illustrations :
Bruno David

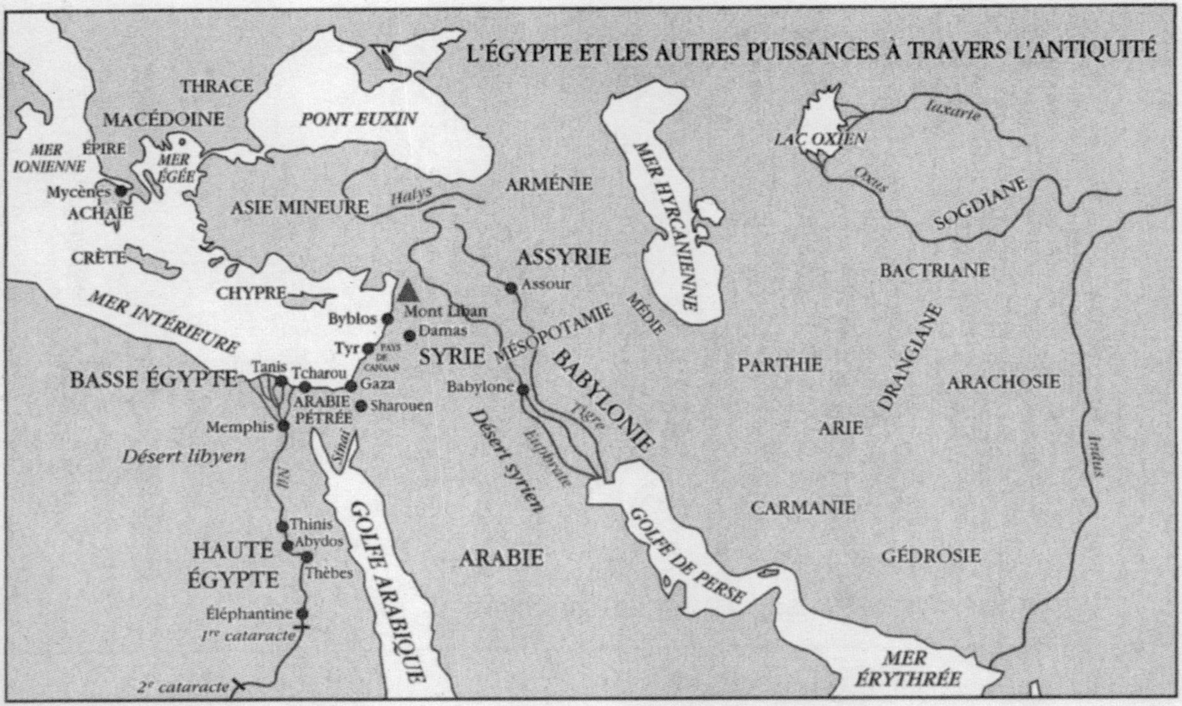

L'ÉGYPTE ET LES AUTRES PUISSANCES À TRAVERS L'ANTIQUITÉ
THRACE
MACÉDOINE
PONT EUXIN
MER IONIENNE
ÉPIRE
MER ÉGÉE
Mycènes
ACHAÏE
ASIE MINEURE
Halys
ARMÉNIE
MER HYRCANIENNE
LAC OXIEN
Iaxarte
Oxus
SOGDIANE
CRÈTE
CHYPRE
ASSYRIE
Assour
BACTRIANE
MER INTÉRIEURE
Mont Liban
Byblos
Damas
Tyr
PAYS DE CANAAN
SYRIE
MÉSOPOTAMIE
MÉDIE
BABYLONIE
PARTHIE
DRANGIANE
ARACHOSIE
BASSE ÉGYPTE
Tanis
Tcharou
Gaza
Babylone
ARABIE PÉTRÉE
Sharouen
Memphis
Sinaï
Désert syrien
Tigre
Euphrate
ARIE
Désert libyen
Nil
Indus
Thinis
Abydos
HAUTE ÉGYPTE
Thèbes
GOLFE ARABIQUE
ARABIE
GOLFE DE PERSE
CARMANIE
GÉDROSIE
Éléphantine
1re cataracte
2e cataracte
MER ÉRYTHRÉE

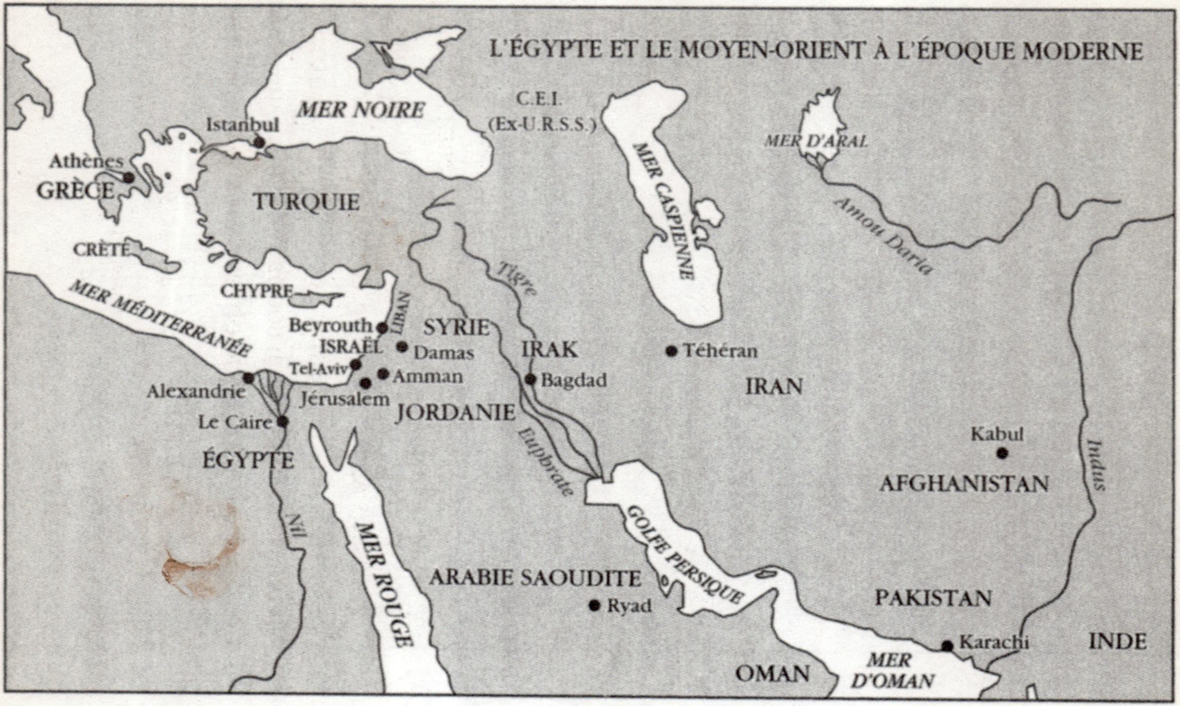
L'ÉGYPTE ET LE MOYEN-ORIENT À L'ÉPOQUE MODERNE
MER NOIRE
Istanbul
Athènes
GRÈCE
TURQUIE
CRÈTE
CHYPRE
MER MÉDITERRANÉE
C.E.I.
(Ex-U.R.S.S.)
MER CASPIENNE
MER D'ARAL
Amou Daria
Tigre
LIBAN
Beyrouth
SYRIE
ISRAËL
Damas
Tel-Aviv
Amman
Jérusalem
Alexandrie
Le Caire
ÉGYPTE
JORDANIE
IRAK
Bagdad
Téhéran
IRAN
Euphrate
Kabul
AFGHANISTAN
Indus
Nil
MER ROUGE
ARABIE SAOUDITE
Ryad
GOLFE PERSIQUE
PAKISTAN
Karachi
INDE
OMAN
MER D'OMAN

Avant-propos

En l'an 13 de son règne[1], Ahmosis, premier pharaon de la XVIIIe dynastie, après avoir chassé les Hyksos[2] d'Égypte, veut protéger les frontières de son pays. Il envisage donc de poursuivre ses ennemis jusque dans le désert de Canaan, où ils se sont réfugiés.

Afin de s'assurer la protection de son père, le dieu Amon-Rê, et le remercier d'avoir soutenu la vaillance de son bras, il souhaite lui faire une exceptionnelle et magnifique offrande.

---

1. Les historiens hésitent sur les dates de règne d'Ahmosìs : soit 1570-1546, soit 1560-1537, soit 1551-1527 avant J.-C.
2. Hyksos vient de l'égyptien *beka khasout,* prince des pays étrangers.

Pour Alice, Martin,
Antoine et Clémentine.

1

Une lettre urgente

Debout dans sa barque de papyrus, le boomerang à la ceinture, Tétiki se faufile dans les marécages qui bordent l'île Éléphantine. De hauts roseaux fouettent son visage, s'emmêlent dans ses cheveux bouclés, tandis que le garçon explore le fleuve avec un harpon.

« J'en vois un autre ! » s'exclame-t-il en apercevant la tête d'un gros poisson qui émerge du tapis de nénuphars.

D'un geste rapide, il transperce l'animal et le jette au fond de la barque déjà remplie d'une fructueuse pêche.

L'air est agréablement frais sous les feuillages, pigeons et cailles roucoulent et carcaillent gaiement sous les ombelles de papyrus, et Didiphor, un petit singe assis à l'arrière de la barque, pousse des cris rauques de satisfaction. Il laisse négligemment traîner une patte dans l'eau couverte de nénuphars, lorsqu'un martin-pêcheur, en quête de poisson, la saisit brusquement dans son bec. Didiphor gémit, l'oiseau s'envole et Tétiki éclate de rire devant la mine terrorisée du petit animal. Il le prend dans ses bras.

« Quel peureux tu fais, camarade ! Tu es trop lourd pour qu'un oiseau t'emporte. On va rentrer et je te donnerai des dattes. »

Hors des marécages la chaleur est écrasante en ce troisième mois de la saison chaude. De chaque côté du Nil, le désert flamboie et les crêtes des montagnes tremblent dans l'air surchauffé. La fertile terre noire des champs se fendille et se craquelle, tandis qu'hommes et bêtes se pelotonnent à l'ombre courte des arbres. Pourtant, malgré la canicule, un nain tout noir aux cheveux frisés court vers Tétiki en criant :

« Ton père t'attend tout de suite sous le kiosque.

— Tant mieux. C'est l'heure où crie mon estomac. »

Le nain Penou, tout essoufflé, s'étonne :

« Qui te parle de repas ? Il s'agit d'une lettre. Une lettre de Thèbes.

— De Thèbes ?

— De la maison du roi. J'en ai des frissons dans le dos. »

Et il ajoute à mi-voix :

« Que la déesse Hathor nous protège d'une mauvaise nouvelle. »

Et dans ses yeux verts passe une vague inquiétude qu'il chasse en embrassant l'une après l'autre les amulettes qu'il porte à son cou : un vautour et un cobra, une pousse de papyrus, une croix ansée et un petit cœur en argent.

Dans le jardin, Tétiki rejoint son père, Ramose, gouverneur du nome d'Éléphantine. En petite toilette du matin, vêtu de son pagne ordinaire et d'un seul collier, il marche lentement, appuyé sur sa canne, courbé sous le parasol que brandit un serviteur.

« Comme il a changé, songe Tétiki, depuis qu'Antef et Makaré l'ont emprisonné[1]. »

Ramose s'arrête sous un kiosque de roseau ombragé par des acacias. Aussitôt un deuxième ser-

1. Cf. *Les Pilleurs de sarcophages.*

viteur dépose un tabouret, déploie une natte, enlève la poussière des pieds du nomarque[1], et lui met ses sandales. Un autre lui évente la tête et deux servantes nues apportent des fruits, des petits pains, du poisson séché, qu'elles installent sur un trépied.

« Bienvenue, mon fils, dit Ramose avec un sourire las et bienveillant.

— Que ton ka[2] te protège, répond Tétiki en s'asseyant par terre, tandis que Didiphor grimpe dans un dattier pour croquer quelques fruits.

— Je t'ai fait venir, mon fils, pour entendre la requête que m'envoie notre pharaon, Vie, Santé, Force. Assieds-toi, Penou, car cette missive te concerne aussi. »

Et, se tournant vers le scribe, il ajoute :

« Lis-nous le message d'Ahmosis. »

Le scribe prend l'étui de papyrus, dénoue la cordelette, sort la lettre et lit :

« En l'an 13 du règne d'Ahmosis. À Ramose, gouverneur du premier nome de Haute-Égypte, voici les paroles de Pharaon, Horus d'or, Seigneur du Double Pays[3]. Mon père, le dieu Amon-Rê, m'a donné la vic-

---

1. Administrativement, l'Égypte est divisée en nomes. Celui qui est nommé par Pharaon pour gouverner un nome s'appelle un nomarque.
2. Le ka est l'énergie qui anime chaque être et perdure après la mort.
3. Les deux pays sont la Haute-Égypte et la Basse-Égypte, à nouveau réunifiées sous la XVIIIe dynastie.

toire sur les Hyksos[1]*, qui ont quitté l'Égypte. Maintenant je dois les poursuivre dans le pays de Canaan, où ils se sont réfugiés, afin d'empêcher leur retour. Dans ce but, Ma Majesté crée une armée permanente et te charge de recruter trente jeunes hommes dans trente familles de l'île Éléphantine. Le préposé à la guerre les attendra à Thèbes. Je désire aussi confier une mission à ton fils. Étant donné l'amitié que je te porte, je le recevrai pendant ma toilette privée, le premier jour du quatrième mois de la saison chaude. Je désire que le nain danseur se rende avec lui dans la capitale. Que le souffle de vie soit dans ta narine longtemps. Le Pharaon Ahmosis.* »

Après un moment de silence, chacun méditant en son cœur, Ramose s'adresse à Tétiki :

« Ahmosis t'attend dans cinq jours. Tu partiras après-demain à l'aube, car le courant est faible quand le Nil est très bas.

— Je me réjouis d'obéir à Pharaon, mais regrette de te quitter, père, alors que tu es fatigué et souffrant. Je crains pour ta santé. »

Ramose, à nouveau, sourit faiblement.

« Un bon fils est un don du dieu Amon. Il est vrai que s'approche l'heure de mon départ pour l'éter-

1. Hyksos : vient de l'égyptien *heka khasout,* prince des pays étrangers. Les Hyksos ont envahi l'Égypte pendant plus d'un siècle.

nité. Mes bras perdent leur force et mes jambes leur mobilité. Mais que le souci n'entre pas dans ton cœur. Déjà tout est prêt pour mon embaumement : les huiles, les bandelettes, le sarcophage et le masque funéraire. Je ne crains pas le jugement d'Osiris. Je n'ai pas maltraité mes gens, ni brutalisé le pauvre, je n'ai pas fraudé dans les mesures des champs, ni triché avec la balance, j'ai abondamment offert aux dieux nourriture, vêtements et bijoux. Pars en paix, fils de ton père, aimé de ton père. Je m'en irai heureux dans ma nouvelle vie en sachant que tu sers fidèlement notre pharaon bien-aimé. Quant à Penou... Mais où est-il donc ? »

Tous cherchent vainement le nain des yeux.

« Quand j'ai terminé la lecture de la lettre, il s'est éloigné à pas furtifs, précise le scribe.

— Qu'on aille le chercher immédiatement ! » ordonne Ramose, mécontent.

Penou est introuvable. Pendant tout l'après-midi, la nuit et le jour suivant, servantes et serviteurs parcourent l'île en tous sens, explorent les coffres, les greniers, les réserves de bière et de vin, les étables. Didiphor grimpe dans les arbres pour scruter l'horizon, Tétiki explore en barque les marécages. À tout instant il craint de découvrir un bout de pagne, une amulette suspendue à un roseau, suggérant la mortelle rencontre de Penou avec un crocodile.

La veille du départ, Tétiki, nerveusement, fait les cent pas devant son père.

« Ne pourrait-on retarder le départ d'un jour ? demande-t-il.

— On ne fait pas attendre Pharaon. Parfois tu t'égares en paroles insensées. »

Puis hochant plusieurs fois la tête, il ajoute d'un ton de reproche :

« La conduite de Penou est inadmissible. Je regrette de l'avoir acheté.

— Sur la rive de l'éternité, il m'a sauvé la vie ! s'indigne Tétiki.

— Je sais, je sais, bougonne Ramose en se dirigeant vers sa chambre. Je persiste à penser que sa conduite est impardonnable. »

Quand le soleil disparaît à l'horizon et s'installe dans sa barque de nuit, Tétiki, accompagné de Didiphor, se dirige vers l'extrémité sud de l'île pour méditer avec son cœur. Il s'assied, les jambes croisées sous un sycomore, et interroge son double invisible :

« Je viens à mon ka en toute confiance pour qu'il m'éclaire sur les décisions à prendre. Ô mon ka, inspire mes paroles et dirige mes actes selon la justice de la déesse Maât. »

Puis il regarde attentivement autour de lui à la recherche de la réponse du ka. Il examine le ciel qui se remplit d'étoiles, le désert de la rive des morts, celui de la rive des vivants. Il observe le Nil dont les basses eaux découvrent lugubrement les gros rochers noirs de la première cataracte. Soudain surgit une cigogne qui se dirige vers le nord et passe au-dessus du temple du dieu Hapy, avant de se poser sur son nid. Aussitôt Didiphor bat des mains avec des cris joyeux. Tétiki sourit, il s'agit certainement de la réponse du ka.

Le temple d'Hapy est entouré par une enceinte de brique dont la porte est ouverte. Des effluves d'encens flottent dans la maison du dieu, mêlés aux odeurs de blé récemment coupé. Tétiki s'approche de la statue au ventre rond, aux mamelles pendantes, mais Didiphor ne lui laisse pas le temps d'admirer le dieu du Nil. Il donne d'impatientes petites tapes sur la tête de son maître.

« Que veux-tu ? » demande celui-ci.

Pour toute réponse, le singe sautille devant lui.

« Je te suis, je te suis », dit Tétiki, habitué au langage de l'animal.

Didiphor déambule entre les maisons et les greniers des prêtres, contourne des étables où un âne brait en rêvant. Puis il s'arrête sur la margelle du nilomètre et se penche. Tétiki l'imite mais le Nil est si bas que le garçon ne peut apercevoir l'eau du fleuve.

Désappointé, il se tourne vers le singe :

« Tu te moques de moi ! Il n'y a pas trace de Penou ici. »

Mais Didiphor insiste, se penche à nouveau en criant. À son tour, Tétiki appelle :

« Penou ? Es-tu là ? »

Un gémissement lui répond, accompagné d'un cliquetis de bracelets et d'amulettes. Puis résonnant étrangement à cette profondeur :

« Le malheur fond sur moi avec la rapacité du vautour et la rapidité de la gazelle. »

Tétiki pousse un soupir de soulagement. Il a enfin retrouvé son ami. Ce dernier souffre de sa coutumière crise d'angoisse liée à la crainte d'être revendu comme esclave. Le garçon descend les premières marches de pierre, auxquelles succèdent les paliers glissants d'un escalier en spirale. Les parois deviennent suintantes et une pénible odeur de vase remplit les narines.

« Penou ? Es-tu encore loin ?

— Pourquoi descends-tu ? Je veux rester ici ! J'y suis très heureux ! »

Il fait maintenant totalement noir dans le puits et Tétiki tâtonne du pied pour trouver les dernières marches, disposées en fer à cheval. Enfin il sent du bout de ses orteils des cheveux frisés.

« Te voilà enfin ! Attrape ma jambe pour t'aider à remonter. »

La voix tremblante, Penou demande :

« Sais-tu pourquoi le pharaon veut voir un pauvre nain tout noir ?

— Pour te regarder danser.

— Je ne te crois pas. Je pense qu'Ahmosis est sous l'influence d'espions hyksos qui veulent se venger de moi car je les ai empêchés de voler la momie de Taa le Brave[1]. Hathor m'a annoncé ce danger.

— La déesse Hathor ?

— Oui, en rêve, la nuit dernière. Je tétais son bon lait de vache, heureux comme un petit enfant, lorsqu'elle m'a chassé d'un grand coup de patte. »

Penou éclate en sanglots.

« Alors je préfère mourir à Éléphantine. Je partirai demain dans le désert... »

Tétiki l'interrompt doucement :

« Il existe certainement d'autres interprétations

1. Pharaon Sèqénenrê TAA II, dit « Le Brave », XVIIe dynastie.

de ton rêve. Par prudence, si tu veux que ton rêve perde son pouvoir, demande à la servante de te barbouiller le visage avec un mélange de bière, d'herbes et d'encens. Maintenant dépêche-toi. Nous partons demain pour Thèbes.

— Je n'irai pas », s'obstine Penou.

Tétiki, excédé par ces craintes puériles, déclare sèchement :

« Penou, je sais que tu as toujours peur d'être revendu comme esclave. Pour une fois, tu as raison. Mon père sera furieux comme une panthère si tu n'obéis pas à Pharaon et te revendra certainement pour quatre paniers de dattes et une perruque frisée. »

Penou ravale ses larmes, remonte lentement les marches du nilomètre. Puis, sans un mot, il s'éloigne, ses amulettes pendant misérablement à son cou. Didiphor s'apprête à le réconforter par quelques tapes amicales, mais Tétiki l'en dissuade.

« Laisse-le. Il préfère rester seul. »

Dans la cuisine déserte, éclairée par les étoiles, Penou commence une étrange mixture. Il écrase des graines de fenugrec avec des gousses d'ail et les fait tremper dans l'eau. Sur un brasero il fait chauffer l'eau jusqu'à ébullition puis malaxe le mélange jusqu'à obtenir une pâte. Deux heures plus tard, lorsque la pâte est sèche, il la broie en une poudre qu'il dépose délicatement dans un vase d'albâtre. Puis il quitte la cuisine et va s'asseoir derrière la porte de la chambre de Ramose. Le nomarque a le sommeil léger.

« Qui est là ? demande-t-il.

— Penou.

— Entre. »

La pièce est dans une demi-obscurité, éclairée par une lampe à huile de ricin. Le mobilier est sobre : un lit en bois, trois coffres et de jolies boîtes en ivoire ou en obsidienne.

« D'où viens-tu ? Tu es tout gris ! » s'étonne Ramose.

Penou s'approche et s'incline.

« Ô mon maître, toi qui m'as acheté à une caravane venant de Nubie, je viens te remercier pour ta bonté. Accepte ce remède que je t'ai préparé. Il a le pouvoir de transformer un vieillard en jeune homme et te permettra de vivre encore longtemps. Maintenant je te dis adieu. Je sais que tu veux me revendre pour ma désobéissance aux ordres de Pharaon. Aussi je préfère marcher dans le désert jusqu'à ce que mon corps se dessèche de soif et que je sois dévoré par les chacals. »

Ramose détaille avec amusement les cheveux raidis par la boue, le visage barbouillé, le pagne à moitié déchiré.

« Je n'ai pas l'intention de te vendre, mon garçon. Je veux seulement que tu obéisses à Pharaon, le dieu sur terre, et que tu accompagnes Tétiki qui part à l'aube. Va vite voir une servante pour qu'elle te lave, te parfume, t'habille et prépare tes affaires. »

Penou reste pétrifié comme une momie.

« Allez, dépêche-toi ! » s'impatiente le nomarque.

Brusquement, le nain détale pour obéir à son maître.

Peu de temps après, à l'heure où la terre s'éclaire, une grande voile de lin se gonfle sous le vent du sud. Ramose regarde s'éloigner le bateau qui emmène Tétiki et son cœur se remplit de tristesse. Reverra-t-il son fils unique ? Chaque année il se sent devenir plus faible. Quel âge déplorable que la vieillesse ! Puis, retrouvant du courage, il songe : « J'irai faire une offrande à ma femme, dans sa demeure d'éternité, afin qu'elle protège notre fils tant aimé. »

La chaleur est étouffante sur le bateau exposé aux rayons du soleil. Sur la rive droite du fleuve, la vie semble arrêtée. Rares sont les paysans qui continuent à travailler pour nettoyer un canal d'irrigation, consolider un chemin où porter des seaux d'eau suspendus à une perche. Sur les nombreux îlots qui émergent du fleuve, ibis, canards, grues somnolent. Les deux amis parlent peu, accaparés par leurs pensées. Tout en pêchant, Tétiki, partagé entre l'inquiétude et la fierté, s'interroge sur les projets du pharaon, Penou sur le rêve de la déesse qui le chassait de ses mamelles. Seul Didiphor est content de courir entre la proue et la poupe pour se dégourdir les pattes, au grand agacement du marin.

Deux jours plus tard, pâles dans les brumes de l'aube, apparaissent les murailles de Thèbes que dominent les étendards multicolores du temple et du palais, et les frondaisons vertes des palmiers.

La ville est silencieuse, comme engourdie de sommeil. Dans le port quelques hommes déchargent des amphores de vin en provenance de la Basse-Égypte. Pendant que Tétiki discute avec le marin pour faire porter leurs coffres, Penou contemple, de l'autre côté du fleuve, sur la rive des morts, la cime pyramidale qui surplombe la Vallée des Rois.

« Tu admires la rive de l'éternité où tu fus si courageux ! » s'exclame une voix féminine.

Penou se retourne et découvre une fille de quatorze ans, aux grands yeux turquoise, et aux nombreuses tresses lui descendant jusqu'à la taille.

« Je t'attendais, annonce-t-elle.

— Tu m'attendais, moi ? Penou ?

— Oui, toi, Penou.

— Comment savais-tu que je viendrais à Thèbes ?

— La rumeur du Nil ! dit la fille en riant. J'ai entendu dire que tu dansais comme un dieu la danse du soleil. La danseras-tu pour moi ?

— Certainement, répond Penou, ahuri et flatté par les propos de la belle jeune fille.

— Alors demain, pendant que ton ami ira se prosterner aux pieds de Pharaon, retrouve-moi sous le bosquet de saules que tu vois là-bas. »

Et la jeune fille s'éloigne en courant avec la légèreté d'un oiseau. Le nain la suit des yeux, éberlué et ravi. Puis il pense à la déesse Hathor, déesse de la gaieté, de la musique et de l'amour.

« Tétiki avait raison, songe-t-il. J'ai mal interprété mon songe. Hathor me chassait pour que j'aille découvrir la beauté. »

« Penou ! Tu rêves ! » s'impatiente Tétiki.

En haut de la ville, dans le petit jardin de la maison de Nofret, les fleurs et les herbes sauvages retombent sur le sol, brûlées de soleil. Sur le pas de la porte, une jeune fille de dix-huit ans, Nofret, en robe transparente, s'exclame :

« Tétiki ! Penou ! Quel bonheur ! »

Et elle rentre vite dans la maison pour revenir avec une cruche et une vasque. Pendant que les garçons se lavent les mains et la figure, ils parlent tous deux en même temps :

« Je vais voir Pharaon ! explique Tétiki.

— La déesse Hathor m'a fait rencontrer une fille belle comme le ciel étoilé ! dit Penou.

— Le roi me fait l'immense honneur de me recevoir à sa toilette du matin !

— Je la reverrai dans un bosquet de saules.

— Mais qu'est-ce que vous racontez, s'étonne Nofret, en les embrassant avec le nez[1]. Vous devez avoir faim.

— Très faim, renchérit Penou en apercevant sur un trépied une jolie caille crue, des lentilles, une pastèque et une salade d'oignons et de concombres. Tétiki ne pêchait que des "dégoûtants" .

— Quels affreux poissons, fades et durs ! commente Nofret.

— Que se passe-t-il à Thèbes ? demande Tétiki.

— On attend la crue du Nil. Plus personne n'a

---

1. Les Égyptiens ne s'embrassaient pas avec la bouche.

le goût de chanter ni d'écouter de la musique. Heureusement les jeunes gens qui arrivent de tout le pays pour devenir soldats apportent un peu de gaieté. Et une jeune fille vient parfois ici pour demander des nouvelles de Penou. Elle regarde les belles peintures que tu as faites sur les murs puis elle s'en va.

— Qui est-elle ? demande Tétiki.

— Elle se nomme Rouddidite et a de grands yeux turquoise.

— Je l'ai déjà rencontrée, s'exclame Penou, tout heureux. Elle m'a parlé ce matin. »

Tétiki prend un air dramatique.

« Je te défends de parler à une fille inconnue. Souviens-toi de Makaré lors de notre premier séjour à Thèbes. Elle aussi avait de grands yeux.

— Tu ne vas pas comparer Rouddidite à cette cruelle espionne ! »

Nofret leur sourit avec tendresse.

« Il n'y a plus d'espions à Thèbes. Tous nos ennemis ont été vaincus et chassés par notre pharaon bien-aimé ! »

2

Le bosquet de saules

La nuit se dissipe à peine lorsque Tétiki arrive au palais royal. Vêtu d'une robe de lin blanc, bien ajustée à la poitrine et s'évasant en petits plis, les biceps et les poignets entourés de bracelets, il tient à la main ses sandales.

À l'intérieur de l'enceinte de brique du palais, serviteurs, servantes, artisans, palefreniers, scribes s'affairent pour profiter de la relative fraîcheur matinale. Un peu intimidé, Tétiki se dirige vers la grande demeure de Pharaon. À la porte, le préposé à la maison du roi l'attend et le conduit, à travers plusieurs pièces aux colonnes et aux murs peints, jusqu'à la chambre de Pharaon. Six hauts fonctionnaires sont déjà arrivés et, debout, baissent la tête devant la face sacrée d'Ahmosis. Pharaon, assis en petit pagne sur son lit, coiffé d'une simple perruque ronde surmontée par un serpent d'or, jette sur Tétiki un regard interrogateur.

« Voici le fils du nomarque d'Éléphantine, annonce le préposé à la maison du roi.

— Bienvenue, bienvenue, fils de Ramose. Le cœur de Pharaon se souvient de ses bons serviteurs et n'a pas oublié ton courage et ton astuce pour sauver la momie de mon père Taa le Brave. »

Tétiki s'allonge pour baiser le sol et dépose une grosse améthyste en disant :

« Mon père t'envoie cette pierre précieuse de la région de la première cataracte et souhaite que les dieux te donnent longtemps vie, santé, force. »

Le préposé à la maison du roi se baisse pour ramasser la pierre dont Pharaon admire la couleur violette.

« Qu'un orfèvre monte cette pierre dans une boucle de ceinture », ordonne-t-il.

Puis il se lève pour se rendre dans la salle des bains. Les invités le suivent. Des serviteurs frottent Ahmosis avec de l'eau et de l'argile, le barbier le rase puis, pendant que pédicure, manucure, parfumeurs

et maquilleurs s'occupent de son précieux corps, Ahmosis explique :

« Je vous ai fait venir ce matin à cause d'un projet qui me vint à l'esprit. Je désire remercier mon père, le dieu Amon, qui a fortifié mon bras pour me donner la victoire sur les Hyksos. Pour lui témoigner ma reconnaissance, je lui offrirai une nouvelle barque sacrée pour ses promenades le long du Nil.

— Ta sagesse est infinie, approuve le grand vizir.

— Cela te portera bonheur », ajoute le chef de l'armée.

Pharaon précise :

« Cette barque sera d'une grande magnificence, décorée d'or, de turquoise et de lapis-lazuli.

— Rien n'est trop beau pour plaire au dieu », insiste le scelleur royal.

Le pharaon, satisfait de la soumission de ses conseillers, ajoute :

« Dès le premier jour de l'inondation, le chancelier des Asiatiques[1] se rendra chez le prince de Byblos pour négocier l'achat de cèdres et de sapins. Il emmènera Tétiki en tant que messager royal afin d'acheter du lapis-lazuli pour la statue du dieu. Son nain l'accompagnera pour réjouir le prince par ses danses. »

---

1. Les Égyptiens appelaient Asiatiques les peuples demeurant au Nord-Est de l'Égypte. Les territoires au-delà de l'Inde étaient alors inconnus.

Un étonnement muet parcourt le petit groupe de hauts fonctionnaires. Pharaon, surpris, plisse ses paupières noircies de khôl. Le grand vizir brise enfin le silence :

« Sa Majesté a raison. Le dieu ne peut se contenter d'une statue uniquement en or », commente-t-il.

Le chancelier des Asiatiques ose émettre une critique :

« Tétiki me paraît trop jeune pour une aussi lourde mission.

— Il a montré une grande vaillance en sauvant la momie de mon père », répond Pharaon, agacé.

Le chancelier des Asiatiques insiste :

« Le courage ne suffira pas. La pierre bleue est très difficile à trouver, car rares sont les caravanes qui l'apportent de Bactriane[1]. Pour l'obtenir, il faudra de l'habileté, de la rapidité et du jugement. »

Pharaon jette un regard agacé au chancelier, puis demande brusquement :

« Sais-tu monter sur un char, Tétiki ?

— Non.

— Si tu es capable, dans trois jours, de conduire un char dans le désert et de ramener une antilope, tu seras digne de la mission que je te confie. Car celui qui sait être habile et rapide avec les chevaux

1. Ancienne contrée de l'Asie centrale correspondant au Nord de l'Afghanistan actuel.

saura l'être avec les hommes. Ma Majesté t'offre le char et les coursiers. J'irai moi-même les choisir dans mes écuries.

— Sa Majesté trouve toujours la meilleure solution, tant son esprit est avisé », concède le chancelier des Asiatiques.

Pendant ce temps, Penou se hâte vers le bosquet de saules. Dès que Rouddidite l'aperçoit, elle jette ses bras en arrière, caresse le sol du bout de ses cheveux, fait trois pirouettes et revient sur ses pieds.

« Tu es une acrobate ! » s'exclame Penou, tout content.

Aussitôt il virevolte à son tour et tous deux entament une danse frénétique. Leurs corps se frôlent, se contournent, s'entrelacent, bondissent et rebondissent, au rythme des crotales[1] que Penou fait claquer dans ses mains.

Puis, étourdis par leur effort, les danseurs vont s'asseoir au bord du Nil. Penou sent une grande vague d'émotion l'envahir. Tout l'enchante dans Rouddidite : ses yeux clairs comme l'eau du fleuve au petit matin, son corps souple et fragile comme une liane, ses lèvres rouges comme les dattes mûres,

1. Sorte de castagnettes.

sa voix frémissante comme le vent dans les roseaux, l'odeur exquise émanant de sa personne. Troublé, il agite nerveusement son sistre[1]. Soudain, il déclare :

« Mon cœur explose dans ma poitrine. Tu es la plus belle acrobate qu'Hathor, la dame de turquoise, ait jamais protégée. »

Rouddidite, d'un air timide, bat des longs cils noirs sur ses yeux bleu-vert.

1. Le sistre est un instrument de musique comprenant un manche et des baguettes mobiles. Il ressemble à notre hochet.

« Moi aussi, je sens mon cœur tout bouleversé », murmure-t-elle.

Et d'un geste craintif, elle pose sa main sur celle de Penou.

« Tu me fais frissonner », dit-il.

Rouddidite sourit d'attendrissement.

« Restons ensemble toute la journée.

— C'est impossible. Je dois rejoindre mon ami.

— Déjà ! » gémit-elle alors que ses yeux turquoise se remplissent de larmes.

Dès que Tétiki aperçoit le nain, il l'apostrophe :

« Nous partons pour un grand voyage. Vers le nord. Chez un ami de Pharaon, le prince de Byblos. Nous voyagerons en char ! Tu dois apprendre à t'occuper des chevaux. On t'attend aux écuries. Mais qu'as-tu ? Cela ne te fait pas plaisir ?

— Non. Cela ne me fait pas plaisir.

— Pourquoi ?

— Je ne pense pas que tu puisses comprendre.

— Me prends-tu pour un sot ?

— Certaines émotions très profondes te sont étrangères. »

Et il s'éloigne à pas lents, consterné par cette nouvelle, sans remarquer Rouddidite qui le surveille, cachée derrière un arbre.

À l'heure de la plus grande chaleur, lorsque les hommes dorment à l'ombre des murs et des arbres, Rouddidite sort de la ville. Elle longe le Nil près des villages de pêcheurs où les poissons qui sèchent au soleil exhalent de fortes odeurs, et rejoint les pauvres cabanes des arracheurs de papyrus. L'endroit est misérable : des enfants maigres, couverts de boutons, des femmes au visage harassé, des hommes aux pieds et aux mains gonflés somnolent sur le sol. Quelques ânes efflanqués fouettent avec la queue leur dos sur lequel s'acharnent les mouches. Rouddidite pénètre, en aval du village, dans l'unique maison en briques crues, ombragée par deux grands figuiers.

Un homme est assis sur son lit, une jambe tendue, l'autre entourée d'un gros bandage de lin. Il scrute de ses yeux mobiles et rusés la jeune fille.

« Te voilà enfin !

— J'ai bavardé longtemps avec le petit Nubien Penou, explique-t-elle. Il est très amoureux. J'en ferai ce que je veux. »

L'homme hoche la tête d'un air satisfait.

« Qu'as-tu appris ?

— Pharaon envoie Tétiki à Byblos pour qu'il ramène du lapis-lazuli destiné à la barque du dieu.

— Il n'ira pas ! » s'exclame l'homme avec colère.

Puis, frappant violemment le sol avec sa canne, il répète, furieux :

« Rien ne sera assez cruel pour ce garçon !

— Pourquoi le détestes-tu tellement, Antef ? »

Devant l'air déconcerté de Rouddidite, Antef prend un ton mielleux :

« Je vais te dire la vérité, maintenant que tu es grande et raisonnable. Jadis, je travaillais au service de Pharaon en tant que scribe. Un jour, maudit soit-il, Tétiki m'a vu discuter avec un Hyksos. Aussitôt il m'a accusé d'être un espion au service des étrangers et, pire encore, de les aider à piller la tombe de Taa le Brave. C'était la guerre, et pendant une guerre, n'importe quelle rumeur est prise au sérieux. Je fus condamné à avoir la deuxième jambe cassée et à quitter l'Égypte. J'ai préféré croupir ici. Caché et ignoré de tous, j'attends l'occasion de me venger de ce calomniateur et de retrouver la confiance de Pharaon.

— Je t'aiderai à te venger de toutes mes forces, déclare Rouddidite, scandalisée par cette injustice.

— Raconte-moi tout, petite ! Qu'est-ce que

Tétiki fait aujourd'hui ? Que fera-t-il demain, après-demain ?

— Il conduira un char. »

Un sourire rusé s'épanouit sur la maigre figure d'Antef.

Tétiki est dans la joie. Autour des remparts de la ville, de l'aube au crépuscule, il caracole sur son char, légère coquille de bois à deux roues. À la fin du deuxième jour, il s'arrête devant la maison de Nofret, dételle les deux petits chevaux et les fait entrer dans le jardin. Nofret apparaît sur le pas de la porte, la vasque et la cruche d'eau à la main, et lui annonce :

« J'ai joué de la harpe pour Pharaon, pendant sa sieste. Il m'a demandé si tu maîtrisais ton char.

— Je le lui prouverai demain. J'irai dans le désert de l'Est chasser l'antilope. Où se trouve Penou ?

— Je suis là, dit Penou qui sort de la maison en dévorant une grande tranche de pastèque.

— Nous partirons ensemble au matin et tu me serviras d'écuyer.

— Je ne t'accompagnerai pas car je dois apprendre à guérir les maux d'yeux des chevaux. »

Nofret rit.

« Des chevaux qui s'appellent Rouddidite et qui ont les yeux turquoise. »

Penou s'empourpre.

« Pourquoi vous moquez-vous de moi ? La beauté de Rouddidite a pénétré mon visage et nous nous marierons lorsque je reviendrai de Byblos. Elle me présentera bientôt à ses parents et à ses dix petits frères et sœurs.

— Où demeure-t-elle ? » s'enquiert gentiment Nofret.

Penou réplique d'un ton ulcéré :

« Je ne vous le dirai pas car vous iriez aussitôt l'offenser. Sachez que je ne peux vivre loin de cet amour. Sa vue me donne le bonheur, ses paroles me donnent la force, sa voix ma gaieté, et ses yeux...

— Le courage, s'exclame Tétiki d'un ton moqueur. Alors viens avec moi ! »

Sans répondre, Penou, l'expression digne et offensée, sort du jardin.

« Il a une araignée dans la tête, conclut Tétiki. Je partirai seul sur mon char, comme Pharaon. Et, au moment de tirer, j'attacherai comme lui les rênes à ma ceinture et serai un lion à l'œil terrible, piétinant le désert.

— C'est impossible, rétorque Nofret en riant. Tu n'es pas dieu sur terre. Décidément vous avez tous deux perdu l'esprit. »

Dans son lit, Nofret garde les yeux ouverts. Elle s'inquiète au sujet de Penou qui a tellement changé. Ce n'est plus le joyeux compagnon qui peignait des fresques sur les murs de sa maison, jouant du sistre et dansant, mais un jeune homme ombrageux, susceptible et distant.

« Cette Rouddidite a sur Penou une influence néfaste. Pourquoi s'intéresse-t-elle tant à lui ? Certes, le nain est un ami merveilleux de bonté et de gaieté, mais il est surprenant que cette jeune fille, dès le premier jour, dès la première heure, ait manifesté un tel débordement d'amour. »

Tandis qu'elle songe à l'étrangeté de cette passion, elle entend un hennissement de douleur, suivi de la longue plainte du second cheval. Nofret se précipite à la fenêtre pour scruter le jardin. Celui-ci est rempli d'ombre, car la lune ne montre qu'un mince croissant d'argent. Pourtant l'oreille fine de Nofret perçoit un bruissement de feuilles. Soudain une silhouette mince, avec des tresses jusqu'à la taille, saute gracieusement par-dessus le muret de torchis et disparaît.

« Qui erre ainsi dans mon jardin à la nuit tombée ? songe-t-elle. Serait-ce Rouddidite ? »

Prudente, elle va fermer la porte. Et à l'aube, lorsque Tétiki s'installe sur sa légère coquille de bois à deux roues, elle demande :

« As-tu bien examiné les chevaux ?

— Ils sont impatients de courir ! répond le garçon joyeusement, en installant son carquois rempli de flèches dans le char de bois. Ce soir, je ramènerai une antilope. Didiphor ! Didiphor ! Viens vite ! »

Le désert commence à deux cents coudées[1] des portes de la ville. Un halo de lumière flotte sur la crête des collines caillouteuses, annonçant l'arrivée du soleil. Didiphor pousse des cris pour hâter sa venue et, dès que le premier rayon apparaît, Tétiki fouette ses chevaux, qui partent au galop ! Quel bonheur ! La terre défile sous ses pieds, l'air tiède fait tournoyer sa mèche et à chaque soubresaut, quand la coque bute contre l'essieu, Didiphor pousse un petit cri, moitié de frayeur, moitié de joie.

Bientôt surgit une antilope qui, au bruit de l'attelage, détale. Tétiki noue les rênes à sa taille, prend une flèche, bande son arc, et tire. L'animal, touché au cou, fait quelques pas maladroits et tombe.

1. Une coudée mesure 52 centimètres.

« C'est plus facile de tirer à l'arc qu'au boomerang », constate Tétiki en se dirigeant vers l'animal blessé.

À ce moment-là, le cheval de gauche hennit de douleur, plie une patte et s'effondre. Déstabilisé, le deuxième étalon se cabre et renverse le léger char de bois, projetant Tétiki contre un rocher. Le garçon atterrit dans la caillasse et ne bouge plus. Didiphor se précipite, sautille sur le corps de son maître, tire ses cheveux, tapote ses joues, en vain. Tétiki reste immobile. Affolé, le singe s'égosille et sautille de plus belle, toujours inutilement. Alors Didiphor s'assied sur son derrière, met une patte sous son menton pour réfléchir et demande à Thot, dieu des savants et des scribes, de l'aider à trouver une solution. Longtemps il demeure, le regard soucieux, dans la position du singe penseur, puis brusquement s'enfuit en direction de Thèbes.

À Thèbes, au milieu de la matinée, la joyeuse rumeur se répand : Hapy a ouvert sa caverne, l'inondation recommence, les dieux n'ont pas abandonné l'Égypte ! La ville se remplit de la musique du sistre, de la flûte, du hautbois. Partout le peuple rit, chante, danse, boit de la bière, se pare de bijoux.

Partout on s'offre des cadeaux : fleurs, friandises, parfums d'encens ou de térébinthe, décorations de céramique.

Sous le bosquet de saules, Penou attend Rouddidite, le cœur battant d'impatience et de joie. Sans cesse il regarde à gauche, à droite, pour apercevoir la gracieuse silhouette, mais le temps passe sans que la gazelle aux cheveux plus noirs que la nuit surgisse. L'impatience se transforme en chagrin tandis que grandit l'affreuse peur de ne plus être aimé. Pour tromper la douloureuse attente, Penou se promène le long du Nil, jusqu'aux bateaux, longs de cent vingt coudées, en partance pour Byblos. Les hommes d'équipage apportent les grandes voiles de lin, accrochent les rames, déposent des coussins et des tapis dans les cabines du chancelier des Asiatiques et de son entourage. D'autres entassent du fourrage sur le bateau-étable et sur le bateau-écurie. Sur un autre bâtiment, un scribe note les cadeaux destinés au prince de Byblos : amphores de vin du Delta, toiles de lin, chasse-mouches en or, rouleaux du meilleur papyrus, un bouclier en or, un couteau et un poignard en cuivre recouverts d'or, des bracelets de pied, de main, des colliers d'or et de pierres précieuses, des chaussures en lin avec boutons de pierre, de grands peignes de pierres diverses, des récipients à parfum, des arcs, des flèches, des colliers pour chevaux, un porte-casque en albâtre. Fasciné par tous ces trésors, Penou oublie un moment son rendez-vous. Puis l'image de Rouddidite lui revient douloureusement à l'esprit et il court aussi vite qu'une autruche vers le bosquet de saules. Bonheur. Elle est là, douce et presque timide.

« J'ai dû m'occuper de mes frères et sœurs, explique-t-elle. Voilà ton cadeau pour le retour de l'inondation. »

Et elle lui donne un sistre de faïence au manche décoré d'une tête d'Hathor, au son clair et joyeux. Penou offre à Rouddidite un collier de cornaline qu'il attache maladroitement, tant il s'enivre de la bonne odeur de son amie. Rouddidite le regarde d'un air bouleversé.

« Est-il bien vrai que tu pars pour Byblos ? Tous ces jours sans toi seront d'une tristesse accablante.

— Je reviendrai vite. Byblos n'est qu'à quelques jours de bateau. Le temps d'acheter la pierre bleue pour Pharaon et nous serons de retour dans un mois.

— Un mois ! murmure Rouddidite en baissant ses longs cils, un mois qui paraîtra affreusement long !

— Ah ! tu m'aimes ! tu m'aimes ! s'exclame Penou en embrassant les mains de son amie. Jamais je n'ai été aussi heureux. Ne te fais pas de souci, dès que je reviendrai à Thèbes nous nous marierons. »

Rouddidite rougit de bonheur.

« Pourvu que mon père accepte ce mariage ! Je veux tout de suite lui demander. Veux-tu venir avec moi pour connaître mes parents et mes dix frères et sœurs ? Je leur parle si souvent de toi.

— Ce sera une immense joie de les rencontrer. Où demeures-tu ?

— Hors de la ville, près du fleuve, dans un village plein d'oiseaux et de belles maisons. »

Et elle saisit la main de Penou et l'entraîne vers le sud. Penou ferme les yeux pour mieux sentir la douceur de la peau de son amie, l'odeur de ses cheveux, la vivacité de sa voix, lorsque brusquement Didiphor bondit devant lui.

« Que se passe-t-il ? »

Didiphor roule des yeux affolés, secoue sa crinière, pousse des cris précipités et d'une patte impérieuse tire la jambe du nain vers l'est.

« Tais-toi, ordonne Rouddidite au singe, tu nous déranges. Et toi, viens », insiste-t-elle en serrant fermement la main de Penou.

Le nain examine la face paniquée de Didiphor, son agitation, son obstination à l'entraîner vers l'est.

« Il est arrivé malheur à Tétiki, conclut-il. Je dois aller à son secours !

— Tu me préfères Tétiki ! s'indigne Rouddidite. Et tu oses me parler d'amour ! Tu n'es qu'un menteur, un fourbe, un hypocrite, jamais je ne te reverrai !

— Comprends-moi : c'est mon ami, c'est le fils de mon bienfaiteur, c'est... enfin, c'est Tétiki. »

Et tout en courant derrière Didiphor, il annonce : « J'irai demain voir ta famille.

— Maudit animal, murmure Rouddidite en tapant du pied. À cause de toi, le nain m'échappe. Antef sera furieux. »

Il fait nuit lorsque Penou, tirant un âne chargé de trois outres d'eau, d'une botte de fourrage, et d'un sac de dattes et de pain, aperçoit le char renversé et les chevaux couchés sur le flanc. De Tétiki, il n'y a pas la moindre trace. Didiphor, désorienté, va et vient en gémissant.

« Cherche ton maître ! » lui ordonne Penou.

Puis, explorant l'horizon, il embrasse ses amulettes en murmurant des prières à la déesse Hathor. Celle-ci entend sa requête car bientôt Didiphor pousse des cris de triomphe. Penou se précipite et découvre Tétiki, tombé sur le ventre, le nez dans les cailloux, à moitié écrasé par une antilope qui geint sur ses épaules. Penou soulève le gracieux animal et l'étend confortablement sur le sol, puis se tourne vers son ami.

« Tétiki ? Tétiki ? Réveille-toi ! C'est moi, Penou ! »

D'une voix pâteuse, le garçon marmonne :

« Les chevaux ne veulent plus avancer.

— Ne t'inquiète pas, j'ai apporté de l'eau et je soignerai les bêtes. »

Sous les étoiles, Penou désaltère et nourrit ami, chevaux et antilope puis, lorsque tous réunis dorment paisiblement, remercie longuement Hathor de sa bonté.

Dès les premières lueurs du jour, il examine un cheval. Attentivement, il scrute ses yeux, ses narines, ses pattes, et fronce les sourcils en examinant un sabot. En effet, une longue épine de jujubier, rouge de sang, pénètre dans la chair à la jointure du sabot et du pied. Une épine semblable se trouve dans le pied du second cheval. Penou sort de sa trousse en papyrus une bande de lin et de la poudre d'argile qu'il mélange avec de la bière. Puis il étale sur chaque plaie ce pansement.

« Ils vont bientôt pouvoir marcher, conclut-il en se dirigeant vers l'antilope. Ces plaies ne semblent pas trop profondes.

— Tu as vraiment appris à soigner les chevaux ?

s'étonne Tétiki. Je croyais que tu ne quittais jamais Rouddidite.

— Elle est très occupée avec ses dix frères et sœurs.

— Ils n'ont donc pas de mère ? s'enquiert Tétiki.

— Je l'ignore. Mais sache que pour venir à ton secours, j'ai pris le risque effrayant de fâcher cette créature céleste.

— Je t'en remercie infiniment, dit Tétiki en réprimant un sourire.

— Ne m'énerve pas avec tes grimaces ! Tu devrais plutôt te faire du souci. Tes chevaux n'ont point été blessés pendant leur course dans le désert. On a enfoncé volontairement des épines de jujubier dans leurs pieds. Quelqu'un te veut du mal.

— Quelqu'un me veut du mal, à moi ?

— Oui, à toi. »

Tétiki écarquille les yeux de stupéfaction.

3

Antef se venge

Nuit et jour, Thèbes est en liesse. Au vacarme des soldats dans les maisons de bière, s'ajoutent les exclamations des enfants qui jouent à la marelle, à la lutte ou qui se chamaillent dans le Nil. Sur les rives, des musiciens accompagnent les danses et les exercices des jeunes filles. Toute cette gaieté exaspère Penou qui cherche vainement Rouddidite. Est-il possible qu'elle soit fâchée ? Serait-elle jalouse de Tétiki et vexée d'avoir été un moment abandonnée ? Mais un si grand amour peut-il être à la merci d'une légère déception ?

Au début de l'après-midi, Rouddidite rejoint enfin le bosquet de saules.

« Ah, mon cœur, te voilà enfin ! J'ai cru mourir d'inquiétude ! s'exclame Penou.

— Mon petit frère est encore malade. Mais dis-moi, qu'est-il arrivé à ton ami ?

— Alors tu n'es pas fâchée ! Tu ne m'en veux pas de t'avoir quittée si brusquement ! Quelle âme délicate est la tienne. Pendant tout ce temps je mourais d'envie de te voir.

— Tétiki est-il sain et sauf ? insiste Rouddidite.

— Cesse de te préoccuper à son sujet. Ce n'était rien. Le seigneur de Haute et de Basse-Égypte l'a reçu ce matin et félicité pour l'antilope vivante. Il l'a nommé messager royal du lapis-lazuli et lui a confié un collier de trois rangs de turquoises et de perles pour le prince de Byblos avec une lettre d'introduction. Nous partirons demain. Maintenant emmène-moi vite, beauté de l'univers, rencontrer ta famille.

— Quand mon petit frère sera guéri. »

Penou prend un air déconfit. Rouddidite sourit et lui prend la main.

« Ne t'inquiète pas, je resterai avec toi toute la soirée.

— Ce soir Pharaon a commandé une fête avec danseurs et acrobates de la ville. Tu n'as qu'à venir. Ce sera merveilleux de danser ensemble.

— Tétiki sera là aussi ?
— Bien sûr !
— Alors je viendrai par amour pour toi. »

Dans un jardin du palais, Pharaon et sa sœur, la grande épouse royale[1], sont assis sur des fauteuils peints. Dans sa tenue de gala, portant une barbe postiche, la double couronne, blanche pour le sud, rouge pour le nord, une longue robe plissée, une ceinture au fermoir d'améthyste, Pharaon sourit de satisfaction. À côté de lui, la grande épouse royale est couverte de bijoux.

À leurs pieds, les hauts personnages du royaume, après s'être prosternés sur le ventre, s'installent sur des tabourets, et les invités de deuxième ordre sur des coussins. Tétiki est si heureux que tout ce qui l'entoure lui paraît merveilleux. Nofret qui pince les cordes de sa harpe, les flûtistes et les joueuses de luth, les flammes des lampes à huile qui vacillent sous la brise, les cônes de graisse odorante sur la tête des invités, les gracieuses servantes toutes nues et surtout la splendeur de Pharaon, dieu sur terre.

Bientôt les acrobates viennent cabrioler et Penou

1. La « grande épouse » est souvent la sœur ou la demi-sœur du Pharaon qui a par ailleurs d'autres épouses.

sent son estomac descendre dans son ventre. Car il a beau scruter les visages maquillés des jeunes filles aux longues tresses et aux ravissants petits pagnes, aucune ne ressemble à Rouddidite. Sa déception est si vive que ses jambes deviennent molles et que la tête lui tourne. Il cherche des yeux un coin pour se cacher lorsqu'il entend la voix auguste de Pharaon :

« Penou, réjouis mon cœur avec la danse du Soleil. »

Penou jette un regard de détresse à Tétiki.

« Je ne pourrai pas. Je suis trop malheureux, murmure-t-il.

— Ne pense qu'à Pharaon, le seigneur de la joie », conseille Tétiki.

Penou s'approche des époux royaux d'un pas chancelant. Mais dès que les joueuses de sistre font résonner leurs grelots, son corps obéit machinalement au rythme et ondule, saute, voltige, s'envole vers le ciel comme le soleil au premier jour.

L'assistance applaudit le danseur dont la poitrine est secouée de sanglots et les joues couvertes de larmes. La grande épouse royale découvre, attendrie, cet énorme chagrin.

« Pourquoi pleures-tu, alors que tu viens de réjouir le cœur du fils d'Amon-Rê ?

— C'est à cause de... à cause... à... »

Tétiki s'empresse de répondre à sa place :

« C'est l'émotion de voir pour la première fois la reine dont la beauté et la sagesse illuminent le Double Pays. »

Amusée, la grande épouse royale jette aux pieds du danseur le bracelet d'or qu'elle porte au poignet.

Profitant de la fête chez Pharaon, Rouddidite pénètre dans la maison de Nofret dont la porte n'est jamais close. Rapidement elle ouvre les coffres remplis de linge et de vêtements, examine sous les lits les boîtes contenant les ustensiles de toilette et les bijoux de céramique. Enfin, dans un petit coffre en bois de santal, seule richesse de cette modeste demeure, bien enroulé, bien serré par une ficelle, elle prend le rouleau de papyrus cacheté du sceau royal. Puis elle disparaît de son pas léger.

« Le voilà », dit-elle à Antef.

Celui-ci décachette la missive de Pharaon.

« Qu'est-il écrit ? demande Rouddidite.

— C'est une banale lettre d'introduction pour que le prince aide le garçon à ramener du lapis-lazuli. Dépêche-toi de m'apporter ma sacoche de scribe, petite. »

Rouddidite ouvre un grand coffre rempli de papyrus, de perruques, de barbes, et prend le sac en bandoulière où se trouvent calames et encriers. Antef déroule un papyrus vierge sur lequel il écrit avec application.

« Qu'est-ce que tu écris ?

— Que tu es curieuse ! C'est un secret. Moins tu en sauras, moins tu parleras. Maintenant, apporte-moi le sceau du pharaon. »

Rouddidite fouille dans une boîte où sont entassées les répliques des sceaux des hauts personnages du pays et apporte de la cire. Dès que son travail est achevé, Antef ordonne :

« Va vite chez Nofret déposer ce papyrus. La fête au palais va bientôt se terminer et Tétiki doit partir demain à l'aube. »

« Lève-toi, Penou, le ciel s'éclaircit », dit gentiment Nofret.

Le visage barbouillé de larmes, Penou gémit :

« Elle n'est pas venue ! Elle ne m'a pas dit adieu !

— Peut-être soignait-elle son petit frère, suggère doucement la harpiste.

— J'ai besoin de contempler sa beauté, de la prendre dans mes bras, de la flairer sur tout le corps. »

Et dans un cri il ajoute :

« Jamais je ne me délivrerai de cet amour !

— Calme-toi, dit Nofret en essuyant ses larmes. Je vais te préparer une tisane qui apaise le chagrin. Tu es épuisé.

— Maintenant je comprends le rêve de la déesse Hathor. Elle me chassait de sa mamelle car elle me chasse de l'amour.

— Les rêves délivrent lentement leur secret. Dis-moi plutôt où habite Rouddidite.

— Dans un joli village au sud de Thèbes.

— J'irai. Je proposerai de garder ses frères et sœurs pour qu'elle puisse venir te dire au revoir. Que les dieux vous protègent pendant le voyage. »

Nofret sort dans le jardin et se dirige vers un massif de fleurs sauvages. Là s'élève, unique et délicate, une fleur écarlate aux étamines violettes. Nofret murmure :

« Oh ! mon père[1], toi qui portais de l'affection à Penou, que ton ka me permette de lui rendre la gaieté avec cette fleur si rare que tu gardais comme un trésor. »

Nofret, très émue, coupe la tige de la « fleur qui

1. Cf. *Les Pilleurs de sarcophages*. Son père, Imhotep, était un médecin.

fait aimer » et, la tenant dans son dos pour éviter son parfum, retourne dans sa maison.

« Penou, voilà une fleur peu commune que certainement Rouddidite appréciera. Conseille-lui de la respirer longtemps. Et surtout, fais-y bien attention. »

Penou acquiesce de la tête, en ravalant ses larmes.

Le soleil se lève lorsque, devant une des portes de Thèbes, sur la route qui relie la Haute à la Basse-Égypte, Tétiki surveille les préparatifs du départ. À côté de lui, un scribe du palais établit et note les parts de nourriture : cinquante pains, dix cruches de bière, cinq sacs de poisson séché, cinq sacs de lentilles, cinq autres de dattes. Dix sacs de fourrage pour les animaux.

« Tu trouveras des fruits frais dans les oasis. Pour le voyage, Sa Majesté te donne un char, deux chevaux, deux ânes, trois serviteurs et l'ordonnance choisie par elle. Mais... »

Le scribe inspecte les alentours.

« Où se trouve-t-il ? »

Alors surgit en courant un jeune homme, au crâne totalement rasé, qui demande d'une voix essoufflée :

« Es-tu Tétiki ?

— Non.

— Son ordonnance vient d'avoir un accident. Il m'a demandé de le remplacer. »

Le scribe fronce les sourcils de mécontentement.

« Qui es-tu ?

— Je suis berger. Je sais m'occuper des bêtes et des repas. Je m'appelle Ouni.

— Je n'ai pas le temps de faire une enquête sur toi. Mais sache que si tu es indigne de la mission qui t'est confiée, et si tu te conduis mal chez les Asiatiques, la colère de Pharaon retombera sur ta tête. »

La conversation est interrompue par un hurlement de Penou :

« Rouddidite ! »

Le nain se précipite à sa rencontre.

« Rouddidite, tu me fais revivre ! J'avais tellement peur que tu ne m'aimes plus. Tiens, prends cette fleur et respire-la longtemps. »

Rouddidite fait tourner entre ses doigts la tige de la fleur rouge aux étamines violettes en dévisageant le nain, puis éclate d'un rire sauvage.

« Pauvre garçon ! Parce que tu t'imagines que je peux t'aimer, toi, avec ta petite taille et ta peau toute noire. Tu rêves debout ! »

Et jetant un coup d'œil aux hommes qui l'entourent, elle lance :

« Qui pourrais-je aimer ici ?

— Cesse ta comédie et va-t'en ! ordonne le scribe. Tu vois bien que cette escorte part chez les étrangers. »

La jeune fille rit encore.

« Rouddidite a des yeux pour voir et des oreilles pour entendre ! »

Et, accrochant la fleur dans la bretelle de sa robe, elle s'éloigne en dansant.

Ouni, indifférent à cette scène, accroche les sacs sur les deux ânes, tandis que Penou demeure debout, au milieu de la route, immobile et tremblant.

« Maîtrise-toi, lui conseille Tétiki. Aie la force d'un homme. Va t'asseoir dans le char et attends-moi. »

Peu de temps après il fouette les chevaux. Il est inquiet. Il songe à l'étrange conduite de Rouddidite. A-t-elle simulé l'amour pour Penou ? Dans quel but ? Ou bien a-t-elle changé d'opinion au dernier moment ? Pour quelle raison ? Agit-elle pour le compte de quelqu'un d'autre ? Il est bien étrange qu'elle s'exprime exactement comme Makaré[1].

Et, pour demander la protection d'Amon, le garçon se retourne vers le temple de Karnak, tout proche, dont les hauts pylônes et les obélisques au sommet d'or dépassent les murailles.

---

1. Cf. *Les Pilleurs de sarcophages.*

Nofret a vainement cherché la maison de Rouddidite dans un joli village au sud de Thèbes, jusqu'à ce qu'un pêcheur lui indique l'endroit des arracheurs de papyrus. En cheminant le long du Nil, il lui semble entendre des gémissements venant des marécages. Se glissant entre les roseaux elle découvre un jeune homme, allongé dans l'eau, un long harpon planté dans la cuisse. Rapidement Nofret enlève la pointe de cuivre.

« On t'a pris pour un hippopotame ! remarque-t-elle en souriant.

— Parle plutôt d'un traquenard. On a voulu m'empêcher de partir avec l'escorte qui se rend à Byblos.

— La douleur te fait divaguer. Donne-moi plutôt la main pour sortir de là. »

Une fois sur la terre ferme, elle examine le blessé.

« Ta blessure est assez profonde. Je vais chercher de l'aide au village le plus proche. Attends-moi. »

D'un pas pressé elle se dirige vers les cabanes de papyrus. En passant devant l'unique maison de pisé, elle entend une voix autoritaire :

« Rouddidite ! Est-ce toi qui reviens ? Tétiki est-il bien parti avec Ouni ? Réponds, insolente. »

Nofret, surprise, s'arrête. D'inquiétantes pensées se bousculent dans sa tête. Ses amis seraient-ils en danger ? Pourtant elle ne peut y croire.

« C'est impossible, conclut-elle. Aucune fourberie ne peut arriver sous le règne de notre pharaon bien-aimé. Allons plutôt secourir ce blessé. »

Sans faire de bruit, elle s'éloigne.

Le premier jour de voyage se déroule dans un silence pesant. Penou reste muet de chagrin, Tétiki préoccupé par sa mission.

Le soir, sous la tente, Penou finit par articuler quelques mots :

« Le monde est méchant. Plus personne ne sait aimer.

— N'y pense plus, conseille Tétiki. Ce grand voyage te fera oublier ta déception.

— Je ne mangerai plus, je ne boirai plus et je dirai adieu à la lumière du jour.

— Arrête de gémir comme une pintade. Surtout pour une fille qui t'a traité comme un paillasson.

— C'est un cœur perfide, trompeur, rapace, menteur, rusé...

— Enfin te voilà raisonnable !

— Plus jamais je ne lui adresserai la parole !

— Bonne décision. Dors, maintenant. »

Un peu plus tard Penou demande :

« Crois-tu que je pourrai vraiment l'oublier ?

— Huuum..., bâille Tétiki. Certainement, à condition de ne plus la voir et de ne plus y penser.

— Je suivrai ton conseil. »

Lorsque Tétiki est sur le point de trouver le sommeil, Penou déclare d'une voix forte :

« Je crois que je l'aimerai toute ma vie.

— Humm ! Laisse-moi dormir.

— Tu ne crois pas qu'elle a voulu plaisanter ?

— Je dors déjà. »

Cinq jours plus tard, Tétiki aperçoit, de l'autre côté du Nil, les trois grandes pyramides dressées par les pharaons de l'Ancien Empire, dont il a tant entendu parler.

« Arrêtons-nous et établissons ici notre campement », décident-ils.

Les serviteurs détellent les chevaux, déchargent les sacs, nourrissent les bêtes, montent la tente et préparent le repas. Malgré la disparition du soleil, l'air reste très chaud, lourd et immobile. Les hommes s'installent pour dormir. Tétiki monte la garde pendant les premières heures de la nuit. La lune est toute ronde et fait resplendir de blancheur les trois somptueuses maisons d'éternité, qui se dressent sur la rive des morts. Pourtant, à tous les bonheurs de la vie éternelle, Tétiki préfère celui d'être vivant dans le beau et riche pays d'Égypte. Il se sent extrêmement heureux dans cette nuit si belle et si calme.

Le moment venu, il va réveiller Ouni.

« Prends ton tour de garde maintenant. Je vais dormir. »

Ouni est très soucieux. Cela fait cinq nuits qu'il cherche à nuire à Tétiki sans en trouver le moyen. Antef ne lui pardonnera pas un échec. Aussi fait-il nerveusement les cent pas, indifférent à la splendeur de cette lumière d'argent sur le fleuve et le désert. Il remarque pourtant les premières et brusques rafales de vent qui se dirigent vers l'ouest, et se rend sous la tente.

« Venez vite ! J'ai aperçu, sur une colline, trois hommes armés de piques. Ils se sont cachés dès qu'ils m'ont vu bouger.

— Allons voir, dit Tétiki en prenant son arc, son carquois et son boomerang.

— Je t'accompagne, déclare Penou. Veux-tu que j'attelle les chevaux ?

— Inutile de réveiller les autres. Nous irons à pied. Garde bien le campement, Ouni. »

Didiphor, content de se promener, les accompagne. Les deux amis marchent vers l'est, scrutant le sol, les arbustes, les zones d'ombre, pour discerner des silhouettes humaines. En vain.

« Ouni s'est moqué de nous, conclut Penou. D'ailleurs ce garçon-là me donne des frissons dans le dos. Tu ne t'en méfies pas assez.

— Je n'ai rien à lui reprocher. Il fait bien son travail.

— Kanefer aussi faisait bien son travail[1]. »

Soudain Didiphor recule en poussant des cris affolés.

« Qu'est-ce qui t'arrive ? s'étonne Tétiki. Le soleil ne se lève pas encore !

— Là-bas ! » crie Penou à son tour.

Tétiki relève la tête et découvre, à l'horizon, une haute et longue traînée grise, comme un immense nuage qui scintille à la lumière des étoiles.

« Une tempête de sable ! murmure Penou. Ouni nous a tendu un piège. Nous n'avons pas le temps de revenir. »

Didiphor tremble de peur et se réfugie dans les bras de son maître. Tétiki le caresse doucement.

« Du calme, du calme, reste toujours avec moi et le vent ne t'emportera pas. »

Les deux amis s'assoient par terre pour mieux résister à la tempête. Ils n'attendent pas longtemps. Bientôt l'obscurité les entoure tandis que le vent

---

1. Cf. *Les Pilleurs de sarcophages.*

tournoie en sifflant. Les grains de sable pénètrent dans les yeux, les oreilles, le nez, piquent la peau nue comme des pointes d'épingle. Autour d'eux, le sable s'accumule et le niveau du sol monte à vue d'œil.

« Ne te laisse pas enfouir ! crie Penou en embrassant ses amulettes. Bouge ! Change de place ! »

Tétiki, déjà ensablé jusqu'aux genoux, exécute maladroitement les ordres de son ami. Ses pieds glissent, s'enfoncent dans ce terrain mouvant qui s'éboule au moindre mouvement. Impuissant, il reste pétrifié. En peu de temps le sable l'entoure jusqu'à la taille et l'effroi de la mort palpite dans sa poitrine. Sera-t-il jugé cette nuit par le dieu Osiris ? Dans la balance divine, son cœur sera-t-il léger comme la plume de la déesse Maât ? Sera-t-il avalé par la dévoreuse ? Retrouvera-t-il sa mère dans le monde de l'éternité ? Avec ses bras, il s'acharne à repousser le sable autour de lui pendant une heure interminable.

Le vent faiblit peu à peu. Le ciel s'éclaircit dans la lumière de l'aurore. Penou, l'air égaré, découvre une mer de sable qui ondule. Péniblement il dégage son corps et ses jambes, et gravit un monticule.

« Tétiki ! Tétiki ! » hurle-t-il.

Aucune voix, aucun bruit, ne lui répond. Affolé, le nain s'époumone :

« Tétiki ! Tétiki ! »

Enfin il aperçoit une tête qui émerge au ras du sol, surmontée par un singe tremblant.

« Tous les dieux du ciel, soyez loués, murmure-t-il en se dirigeant vers son ami.

— Pourquoi n'as-tu pas crié, Didiphor ? J'aurais pu ne jamais vous trouver. »

Le malheureux animal ouvre la bouche, mais sans sortir aucun son.

« Le sable lui a fait perdre sa voix, explique Tétiki. J'ai bien cru mourir cette nuit. Vite, aide-moi à sortir de là. J'ai hâte de retrouver le campement. »

Le soleil se lève lorsqu'ils atteignent le Nil. Tout

a disparu : tente, chevaux, char, ânes, sacs, serviteurs, le bracelet d'or de Penou et surtout le précieux papyrus et le somptueux collier à triple rang de turquoises et de perles destinés au prince de Byblos. Les deux amis sont effondrés.

« Tu as raison. Ouni nous a tendu un piège, conclut Tétiki.

— Décidément, tu es très lent pour démasquer les traîtres. »

Didiphor continue d'explorer les environs. Lorsqu'il revient, bredouille, Tétiki le soulève jusqu'à son visage et lui dit :

« Je t'adore, Didiphor, mais je vais devoir te laver. Tu as du sable plein les poils. Inutile de crier et d'ameuter les crocodiles. Nous avons assez d'ennuis comme cela. »

Au milieu de la matinée, les cheveux et le corps bien nettoyés, l'estomac rempli de pousses de papyrus, Tétiki et Penou s'installent à l'ombre d'un palmier.

« Que faisons-nous ? » demande le nain.

Tétiki ne répond pas. Il ne sait que décider : doit-il revenir à Thèbes et avouer à Pharaon qu'il a été incapable d'accomplir la mission qui lui a été confiée. Ou bien doit-il risquer sa vie et celle de Penou en voyageant sans escorte dans le désert de Canaan, avec dix flèches et un boomerang pour se défendre ? Et s'il atteint Byblos, comment se présentera-t-il devant le prince, sans cadeau et sans lettre ?

Pour se décider, il dessine un sycomore sur le sable et interroge son ka avec confiance. Puis il regarde et écoute attentivement ce qui l'entoure : les ombelles de papyrus se couchent sous la brise, les oies poussent leurs cris rauques, la rive des morts et les pyramides vibrent sous le soleil. Soudain, un cri lui fait lever les yeux : au-dessus de sa tête, à tire-d'aile, un faucon se dirige vers le nord-est. Tétiki soupire de soulagement : nul doute qu'Horus, le fils d'Osiris et d'Isis, le dieu à tête de faucon, le premier pharaon sur terre, lui indique le chemin.

« Nous partons pour Byblos et longerons par l'ouest le delta du Nil vers le nord. »

En chemin, ils se nourrissent de raisins, de dattes, de figues, de poissons pêchés dans les branches du delta. Petit à petit le paysage se transforme. De tous côtés, entre de grandes étendues d'eau, se déploient de vastes prairies où paissent vaches et moutons, des vergers remplis de pommiers, de poiriers, de figuiers et d'admirables vignobles.

« Je préfère la Haute-Égypte, constate Penou, c'est trop plat ici, et il y a trop d'eau.

— Profite bien de l'eau, car en quittant le delta, nous entrerons dans le désert et nous n'en aurons plus du tout. »

4

Penou perd ses amulettes

« Que fais-tu donc ? » s'impatiente Antef en frappant énergiquement le sol avec sa canne.

Dans la minuscule chambre voisine, Rouddidite, qui somnole sur son lit, répond d'un ton traînant :

« Je rêvasse.

— Voilà bien une extravagance de fille. Viens tout de suite. »

La jeune fille le rejoint d'un pas nonchalant.

« Va te promener autour du palais et tâche de savoir si des messagers ou des voyageurs ont apporté des nouvelles de Basse-Égypte. Et ne prends pas ce visage chagrin. »

Rouddidite soupire, fait un sourire crispé et s'éloigne.

Devant les portes du palais, les gardes bavardent, assis sur le sol, en buvant de la bière.

« Bienvenue, la gazelle, dit l'un d'eux en apercevant Rouddidite.

— Pain et bière, beau garçon. Dis-moi, as-tu des nouvelles de Basse-Égypte ?

— La rumeur du Nil évoque une terrible tempête de sable », dit le deuxième garde.

À cette nouvelle, Rouddidite sent son cœur quitter son corps.

« Qu'est devenue l'escorte du messager royal pour le lapis-lazuli ? demande-t-elle d'une voix blanche.

— Tu te fais du souci pour ton amoureux ! » dit le premier garde en riant.

Rouddidite rougit et bafouille :

« Je n'ai pas d'amoureux. Tu n'es qu'un insolent !

— Ce nain avec qui tu dansais te faisait bien les yeux doux ?

— Un pauvre garçon qui s'est épris de moi. Je ne vais pas gâcher une si belle journée en pensant à lui. Adieu. »

Pourtant c'est bien à Penou que Rouddidite songe, pour lui qu'elle s'inquiète, qu'elle se trouble, qu'elle languit.

« Je dois être malade, se dit-elle. Mieux vaut voir un médecin. »

La maison du médecin est située près du temple de Karnak. Du petit jardin intérieur, agréablement ombragé, Rouddidite entend les animaux du temple braire, hennir, mugir, aboyer, caqueter, et sent des effluves d'encens et de térébinthe.

Le médecin reçoit ses patients, devant la porte d'entrée, sous des arcades qui protègent du soleil. Il examine la gorge, la figure, les membres de la jeune fille, et se fait expliquer son mal.

« Il n'y a pas de doute, conclut-il. Tous les signes dont tu me parles, langueur, rêvasserie, idée fixe, inquiétude, chagrin, sont ceux de l'amour pour une personne absente.

— C'est impossible ! Je le déteste ! J'ai souhaité sa mort !

— Peut-être as-tu commis une action qui change la face du cœur. »

Devant le regard interrogateur de Rouddidite, il poursuit :

« As-tu mangé trop de laitue ? As-tu bu du lait mélangé à de la crotte de crocodile ? Contemplé trop longtemps la pleine lune sans fermer tes paupières ? Enroulé un serpent mort sur ton cœur ? »

La jeune fille nie de la tête. Le médecin reste perplexe. Après un moment de réflexion, il murmure :

« Il existe bien une fleur, très rare...

— Une fleur écarlate aux étamines violettes ? »

Le médecin acquiesce de la tête en souriant à la jeune fille, l'air amusé.

« Que disais-tu à propos de cette fleur ? » insiste-t-elle.

Le médecin songe que sa science ne lui permet pas d'effacer le pouvoir de la fleur qui fait aimer et qu'il vaut donc mieux en garder le secret.

« Je disais seulement que cette fleur était rare. Mieux vaut pour toi confier cet amour à la déesse Hathor. Crois-moi, il n'y a pas d'autre solution au chagrin d'amour que le bonheur d'amour. »

« Quelle nouvelle apportes-tu ? s'impatiente Antef.

— Une tempête de sable près de Memphis, grommelle Rouddidite.

— Pourquoi ce ton grognon et cette méchante humeur ?

— Mon cœur n'est plus dans mon corps. »

Antef ricane.

« L'amour ! L'amour ! Sache, petite, que la vengeance donne de plus grandes joies que cette fantaisie. Ne revois jamais l'homme qui te donne du chagrin. Le temps et l'espace effaceront son souvenir. Je t'interdis de revenir avec ce visage attristé. »

Puis avec un grand geste agacé, il déclare :

« Va, amuse-toi, danse, chante et trouve des renseignements sur Tétiki. »

Depuis qu'ils ont quitté les vergers et les prairies du delta du Nil, les deux amis avancent dans le désert. Pas un seul arbre pour se protéger du soleil, pas un seul oiseau à tuer pour se nourrir. Quelques herbes rabougries servent de repas.

« Nous allons devenir plats comme des poissons séchés, constate Penou.

— La frontière ne doit plus être loin. Dès que nous atteindrons la forteresse de Tcharou[1], nos ennuis seront terminés. On nous prêtera un char, des chevaux et des provisions pour le voyage. »

En fin d'après-midi, une silhouette apparaît à l'horizon.

1. El Kantara.

« C'est une jeune fille qui court après une chèvre, remarque Tétiki.

— Une Bédouine ? s'inquiète Penou.

— Elle est certainement de ceux qui courent sur les sables.

— De vrais barbares. Des gens qui n'ont pas de maison et ne connaissent ni le blé, ni l'orge, ni la salade. Méfie-t'en.

— Que veux-tu qu'elle nous prenne ? Nous n'avons rien.

— J'ai des frissons dans le dos. C'est un signe néfaste. »

La jeune fille, vêtue d'une jupe rouge et portant un grand voile sur la tête, s'approche en courant derrière sa chèvre.

« Ma douce, ma jolie, ma chevelue, reviens ! Bientôt nous trouverons de l'herbe, de la belle herbe verte et tendre en Égypte. »

Penou, plus rapide que la chevrière, rattrape la chèvre et la ramène en la tenant par le cou. La jeune Bédouine tombe à genoux.

« Ne me la prenez pas, nous n'en avons que cinq, c'est notre seule richesse.

— Pourquoi prendrions-nous ta chèvre ? demande Tétiki.

— Vous êtes des voleurs !

— N'écoute pas cette fille, s'énerve Penou. Elle a des chauves-souris dans la tête. »

Pourtant Tétiki reste troublé par cette accusation.

« Relève-toi, dit-il à la jeune fille. Comment sais-tu que nous sommes des voleurs ?

— On nous l'a dit à la frontière. Le chef de la forteresse a déclaré à mon père : "Je t'autorise à faire paître ton troupeau sur la terre noire d'Égypte, mais si tu rencontres un jeune garçon avec un nain et un singe, préviens-moi. Je dois les arrêter. Ils ont volé." Et un jeune homme au crâne rasé a ajouté : "Ils ont volé un trésor : un collier à trois rangs de turquoises et de perles que Pharaon envoyait au prince de Byblos."

— Le malheur fond sur nous avec la rapidité de la gazelle », murmure Penou.

Après un moment de réflexion, Tétiki déclare d'une voix alarmée :

« Écoute, jeune fille, tu dois appartenir à ceux qui courent sur les sables, et ne pas connaître nos dieux. Mais par le plus grand d'entre eux, Amon-Rê, maître du ciel et de la terre, et par Pharaon, son fils, maître des Deux Pays, je te jure que nous n'avons rien volé. »

Tout en attachant une corde de chanvre au cou de la chèvre, la jeune fille examine les garçons et ses yeux soudain étincellent.

« Je ne dirai rien si tu me donnes le vautour et le cobra que tu portes à ton cou, dit-elle à Penou, en montrant les animaux protecteurs de la Haute et de la Basse-Égypte.

— Ce sont les amulettes qui me donnent la force de Pharaon », explique Penou.

Les yeux de la jeune fille étincellent à nouveau.

« Si tu refuses, je parlerai. »

Penou baisse la tête, dénoue les fils de lin et donne les modestes bijoux à la jeune Bédouine qui s'enfuit.

« Barbare ! » murmure-t-il.

La forteresse de Tcharou, haute de douze coudées, profile sa massive silhouette de brique sur le ciel étoilé. Derrière le parapet, un soldat se promène, l'arc à l'épaule. De temps à autre éclatent les aboiements furieux des chiens de garde.

« Retournons à Thèbes, dit Penou. Jamais nous n'arriverons à franchir la frontière sans être repérés. Pharaon comprendra nos mésaventures.

— Je ne t'oblige pas à me suivre. Rentre si tu veux. Moi je préfère mourir que d'avouer, devant le visage divin de Pharaon, que je n'ai pas accompli ma mission. »

Puis il ajoute :

« Pourtant il vaudrait mieux que tu ne revoies pas Rouddidite. Tu me réveilles toutes les nuits en criant son nom. J'ai hâte que tu l'oublies. »

À nouveau ils se taisent pour examiner la forteresse.

« Nous passerons au pied du fort, du côté de l'ombre, décide Tétiki. Personne ne nous remarquera de là-haut.

— Et pour arriver au pied du fort ? demande Penou d'un ton résigné.

— Il nous aidera », explique Tétiki en prenant le singe dans ses bras.

Et en le regardant dans les yeux, il lui dit :

« Didiphor, j'ai besoin que tu te conduises cette nuit comme le plus intelligent des animaux. »

Didiphor baisse rapidement ses paupières pour marquer son acquiescement.

« Tu iras près de la grande porte, là-bas, et pousseras des cris. Les chiens aboieront, les soldats descendront, ouvriront la porte et tu te cacheras. Puis tu recommenceras trois fois. Pendant ce temps nous courrons vers la forteresse. Ensuite, tu nous rejoindras de l'autre côté de la frontière. »

Comme prévu, Didiphor s'approche de la porte d'entrée, les chiens aboient, les soldats descendent, et les deux amis se précipitent, puis s'aplatissent sur le sol.

La quatrième fois, Didiphor se dissimule près d'un tas d'ordures. Il a si faim qu'il s'empresse de lécher les peaux de bananes, les reliefs de dattes, les épluchures de courgettes. Et, le ventre trop vite rempli, s'endort.

Ce sont les chiens qui le réveillent à l'aube. Ils sont une dizaine autour de lui, gueule ouverte, crocs menaçants, aboiements terrifiants. Didiphor sent battre son cœur à tout rompre dans sa poitrine. De sa vie il n'a couru si vite, poursuivi par l'épouvante. De sa vie, il n'a tremblé si longtemps dans les bras de son maître.

Le désert de Canaan est aride, les cailloux blessent les pieds, le soleil tape durement sur la peau nue. Les amis marchent de plus en plus lentement. Même Didiphor traîne en geignant.

« J'ai trouvé ce que signifiait mon rêve. La déesse Hathor me rejetait des bonnes mamelles de la terre noire d'Égypte vers ce pays où seuls les barbares peuvent vivre. Sais-tu ce qu'ils font des morts ? Ils les mettent dans la terre, comme des animaux sans valeur. Si nous mourons ici, nous serons privés de vie éternelle. »

Tétiki soupire d'agacement.

« Cesse de te plaindre.

— Je ne me plains pas. Je t'explique pourquoi nous ferions mieux de revenir en Égypte. Pharaon comprendra nos raisons. N'est-il pas dieu sur terre ?

— Nous ne pouvons plus rentrer en Égypte, répond Tétiki exaspéré. Nous serons arrêtés comme voleurs à toutes les frontières du Double Pays. »

Au crépuscule, il rencontre un Bédouin marchant près d'un âne chargé de fourrage et de trois outres d'eau.

« Pain et bière ! salue Tétiki.

— Voilà du pain et de l'eau », répond le Bédouin en riant.

Les deux amis se désaltèrent lentement.

« Quel est le chemin le plus rapide pour Byblos ? demande Tétiki.

— Pour ne pas vous perdre, allez vers l'ouest, jusqu'à la mer. De là vous longerez la côte vers le nord. La route sera longue. Je peux vous donner une outre, si vous le désirez. »

Et il pose un regard insistant sur le petit cœur en argent que porte Penou autour du cou. Tétiki devine sa requête.

« Tiens, dit-il, en détachant l'amulette, c'est tout ce que nous avons pour te remercier. »

Le Bédouin repart, enchanté.

« Pourquoi as-tu fait cela ? s'indigne Penou. Ce petit cœur me donnait la jouissance de mes mains et de mes jambes...

— Si tu veux mon avis, l'eau de cette outre aidera mieux tes jambes à marcher jusqu'à la mer. »

Le lendemain, dans l'éclatante lumière du milieu du jour, Tétiki aperçoit de grandes taches noires qui cachent la terre et le ciel. Les taches apparaissent, disparaissent, puis reviennent de plus en plus souvent. Tétiki se frotte les yeux, étire ses paupières, mais les taches noires reviennent danser devant lui.

« Passe devant moi, Penou, je suis un peu fatigué.

— Par cette chaleur, mieux vaudrait rester allongé et se cacher dans le sable. J'ai la peau qui craque. Si seulement j'avais un peu d'huile parfumée, je me sentirais tout ragaillardi. Rien qu'une odeur de parfum me redonnerait des forces.

— Cesse tes stupides bavardages et dépêche-toi. Il faut arriver. Marche le plus vite possible. »

Penou hoche la tête d'un air désapprobateur. Pour avoir beaucoup voyagé dans les déserts de

Nubie, il sait combien il faut se méfier des trop longs efforts au soleil. Il sait aussi que son ami est plus têtu qu'un âne.

Le lendemain, Tétiki ne voit plus rien.

« Penou, tout est noir autour de moi. »

Le nain songe que le malheur fond sur eux avec la férocité du vautour, mais juge préférable de se taire. C'est à lui maintenant d'être responsable, d'organiser le voyage et de rassurer son ami.

« Ce n'est pas grave. Je connais cette maladie. Tes yeux ne sont plus protégés par le fard noir et le soleil les transperce trop. Tu vas rester ici. Et moi je vais, avec Didiphor, chercher de l'aide sur la côte.

— N'y a-t-il pas un ou deux arbustes pour me faire un abri avec leurs branches ? » demande Tétiki, effrayé à l'idée de rester immobile en plein soleil.

Mais autour d'eux sable et cailloux s'étendent à perte de vue. Tétiki s'accroupit, plonge son visage dans ses mains et murmure :

« Ô Amon-Rê, je te supplie de hâter la course du soleil. Je ne peux plus le supporter. »

Penou marche toute la nuit pour sauver son ami. Le lendemain, à la pointe de l'aube, il découvre la

Très Verte[1]. La grande mer se déploie jusqu'au bout du ciel, ondulant comme un serpent, faisant plus de bruit que cent vaches mécontentes. Didiphor se précipite pour se désaltérer, puis crache et recrache l'eau salée avec d'affreuses grimaces.

Malgré son impatience de plonger dans l'eau,

1. La mer était appelée la Très Verte, car le mouvement sans cesse renouvelé des vagues évoquait le rythme de la végétation.

Penou se dirige vers un petit port légèrement plus au nord. Dans le modeste village de Gaza, la présence d'un nain et d'un singe attire tous les villageois. Chacun s'empresse de leur offrir du lait, du pain et des dattes.

« Mon ami est malade, à une journée d'ici. Il ne voit plus rien. »

Un petit garçon s'approche de Penou et prend le sistre de céramique donné par Rouddidite qui est accroché à sa ceinture. Joyeusement il le fait tinter.

« Cela ne t'ennuie pas que mon fils joue avec ton hochet ? demande le père du petit garçon.

— Je le lui prête, mais qu'il en prenne bien soin », se contente de dire Penou avec regret.

Aussitôt un vieux pêcheur, au visage extrêmement ridé, aux cheveux blancs très courts, s'approche.

« Trois hommes vont venir avec toi pour chercher ton ami. Pendant ce temps, je ferai le remède qui soigne les yeux malades. »

Le vieux pêcheur, dans le maigre troupeau du village, prend une chèvre, la plus vieille, et l'égorge. Puis il sort le foie, le dépose dans un bol de terre et le broie pour en faire une pâte.

Désaltéré, nourri, allongé sur un lit, les yeux clos par la pommade de foie, Tétiki reste dans la maison du vieux pêcheur. Penou passe la moitié de son temps dans la Très Verte, sur laquelle il est si facile de flotter comme un canard. Au bout d'une semaine Tétiki est guéri et songe aussitôt au départ.

« Il faut repartir. Mais auparavant, donne au vieux pêcheur ta croix ansée pour le remercier de m'avoir soigné.

— La croix qui me permet de rester en vie ?

— Eux aussi nous ont permis de rester en vie. »

Tristement, Penou dénoue son collier et apporte la petite croix au pêcheur. Puis il rejoint le singe et lui avoue :

« Sans amulette, je me sens tout nu. J'ai l'impression que les malheurs rôdent autour de moi et que rien ne me protège contre eux. Tu comprends cela, toi, Didiphor ? »

Le lendemain, une caravane venue du désert du Sinaï s'arrête dans le port avant de remonter vers Byblos. Elle apporte des défenses d'éléphant, de l'encens, des plumes d'autruche, des turquoises et la précieuse poudre d'antimoine pour les yeux. Le chef de la caravane en donne une petite boîte à Tétiki qui s'empresse de se farder les yeux, et propose :

« Si tu veux remonter à Byblos avec nous, tu nous aideras pour le campement.

— Merci, mille fois merci, répond Tétiki qui court rejoindre Penou dans les vagues.

— Enfin le destin nous est favorable ! crie-t-il. Nous accompagnerons la caravane jusqu'à Byblos. Là, nos malheurs se termineront.

— Ils se termineront si nous pouvons rencontrer le prince, crie à son tour Penou. Sinon... »

Une grosse vague éclate alors sur sa tête et le roule jusqu'au rivage.

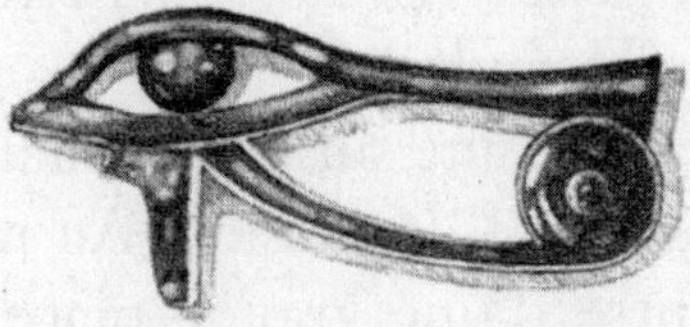

5

Retrouvailles inattendues

« Vous voilà arrivés, dit le caravanier en montrant une ville surplombant la mer et protégée par des remparts de pierre circulaires. Nous allons décharger nos marchandises. Vous, pour entrer dans la cité, prenez la porte du Sud qui est là, devant.

— Je te remercie beaucoup, dit Tétiki. Et que ta santé soit bonne au long de chaque jour.

— Allons nous baigner dans la Très Verte avant de nous présenter au palais ; nous ne pouvons pas y aller dans cet état lamentable », dit Penou en regardant son corps gris de poussière.

Tétiki est trop préoccupé par sa visite pour goûter au plaisir d'une baignade.

« Je préfère explorer la ville. Retrouvons-nous devant le grand temple. »

Byblos est construite sur deux collines de part et d'autre d'une légère dépression. Au milieu s'élève un puits, centre d'une grande place remplie de monde. Les hommes portent de longs cheveux maintenus par un bandeau, et une courte barbe. Ils sont vêtus de robes à manches, une grande écharpe nouée autour de la taille, ou de pagnes brodés de laine et ornés de glands. Les femmes sont en robes à manches ou agrémentées de volants. Tous vont, viennent, et discutent avec volubilité. Près du puits, une jeune fille tend une cruche à Tétiki.

« D'où viens-tu, bel adolescent ? Goûte cette bonne eau fraîche. »

Tétiki sourit à la jeune fille, lorsque celle-ci est bousculée par une petite servante, au corps rondouillard et aux gestes rapides.

« Es-tu celui qui vient de Thèbes de la part de Pharaon ?

— Je le suis.

— Le chancelier des Asiatiques a annoncé ton arrivée. Le prince s'inquiétait de ton retard. As-tu connu des difficultés imprévues pendant ton voyage ?

— Oui. Une tempête de sable et... »

Tétiki fait un grand geste du bras pour évoquer maints contretemps.

« Enfin, tu es là ! Suis-moi. Nous allons te baigner, te parfumer et t'habiller dignement pour la réception du prince. »

Tétiki ressent un immense soulagement. L'entrevue avec le prince lui paraissait difficile à obtenir, et voilà qu'il est attendu, honoré et choyé !

« Le souci ne vient jamais de là où on l'attend », songe-t-il.

« Je te remercie pour tes bontés, ajoute-t-il à voix haute. Mon ami Penou est descendu vers le port et doit me retrouver devant le grand temple. Attendons-le.

— Ne te tourmente pas. Nous irons le chercher et il te rejoindra au palais. »

Penou n'a jamais vu de port aussi étendu : une vaste baie, bien protégée par les collines et fermée en partie par une digue. À l'intérieur, toutes sortes de bateaux venus de pays lointains, parmi lesquels les bateaux égyptiens qui attendent leur chargement de bois. Le nain se lave avec soin, quoique l'eau de la Très Verte pique désagréablement la peau et que son odeur soit violente. Puis il remonte le long escalier qui conduit sur la plus haute colline de la ville et s'achemine vers le grand temple. Soudain il sent un frisson lui parcourir le dos, se retourne et aperçoit Ouni qui l'épie en se dissimulant derrière une forte femme. Devinant un piège, le nain se faufile entre les larges robes et les pagnes longs. Mais devant le temple, Tétiki n'est pas là. Ni à côté, ni sur la place.

« Le malheur fond sur nous avec la rapidité de la gazelle », conclut-il.

Et, se précipitant vers la porte la plus proche, il s'éloigne de la ville en courant.

La salle d'audience du prince de Byblos est remplie de hauts fonctionnaires et Tétiki, dans ses amples vêtements et avec ses lourds bijoux, se sent gauche et intimidé. Tous ces visages d'hommes, au front barré par un bandeau et à la courte barbe, lui paraissent semblables et chacun le dévisage avec une curiosité insolente. Seul le chancelier des Asiatiques lui adresse un léger hochement de tête.

Le prince, assis devant une fenêtre qui donne sur la mer, s'adresse à lui :

« Étranger, pour quelle affaire es-tu venu dans notre cité ?

— Je viens de la part de Sa Majesté le grand roi de Haute et de Basse-Égypte, demander ton aide afin d'acheter du lapis-lazuli pour la barque sacrée du dieu Amon.

— As-tu un message de mon ami Ahmosis ? »

Tétiki rougit légèrement.

« L'escorte qui m'accompagnait a disparu lors d'une tempête de sable. Et le collier qui t'était destiné ainsi que la lettre de Pharaon...

— Voici la lettre », dit une belle voix chaude et rocailleuse.

Makaré ! Tétiki sent son esprit se remplir de confusion. C'est bien la voix ensorcelante de l'espionne hyksos et sa fière beauté. La tête bourdonnante, il perçoit à peine les mots « espion » et « hyksos ». Lorsqu'il retrouve un peu de calme intérieur, les regards posés sur lui sont sévères et méprisants, et Makaré termine son explication :

« Comme je te l'ai dit, prince, j'ai connu ce jeune espion ainsi que son père, le nomarque d'Éléphantine, lorsque je vivais à Thèbes. Confie-le-moi. Je saurai le faire parler.

— Noble dame, dit le prince, tes conseils ont toujours été sages et avisés. Sache obtenir de ce traître le nom de ses complices. »

Quatre gardes s'approchent pour emmener Tétiki, tandis que le prince dicte au scribe :

« Dis à Pharaon, soleil sur terre, que le prince de Byblos tombe à ses pieds, sept fois et sept fois, sur le dos et sur le ventre. Pour moi, tout va bien. Pour toi, que tout aille bien... »

La grande porte de la salle d'audience se referme brusquement derrière Tétiki, sans qu'il puisse entendre l'accusation portée contre lui.

La maison de Makaré est perchée sur la falaise qui domine la mer. Le portier, aux larges épaules et au gros ventre, salue les gardes en disant :

« Laissez-moi le garçon, je m'en occupe. »

Et il pose une main de fer sur l'épaule de Tétiki et le pousse jusqu'à la chambre où il avait revêtu ses habits d'apparat.

« Reprends tes vieux vêtements, maintenant », ordonne le portier avant de fermer la porte avec un verrou.

Didiphor, assis sur le rebord de la fenêtre pour contempler la mer, glisse le long des rideaux et interroge son maître avec des yeux inquiets. Tétiki lui caresse la tête.

« Tu auras à te débrouiller sans moi, Didiphor.

Ouni, le traître, a apporté ici un papyrus qui m'accuse de fautes graves. J'ignore malheureusement lesquelles. Il te faut fuir d'ici le plus vite possible. Je fais confiance à ton intelligence pour retrouver Penou. Essayez de rentrer en Égypte et de prévenir mon père. »

La porte s'ouvre brutalement et Makaré entre dans un grand bruit de collier et de bracelets.

« Alors te revoilà ! Pourtant je t'avais dit de rester à Éléphantine... »

Puis elle éclate de rire.

« ... et de bien apprendre la leçon des scribes. Par Osiris, que tu me fais rire ! Es-tu à ce point borné pour croire que Makaré te laisserait vivre tranquille et heureux ? »

Puis changeant de ton, et les paupières plissées par la colère, elle ajoute :

« À cause de toi, j'ai quitté Thèbes, abandonné ma maison de bière et la douce vie au beau pays d'Égypte. À cause de toi je me suis cachée pour fuir, abandonnant Antef blessé ! À cause de toi je cajole le prince de Byblos, personnage indolent et naïf, pour accomplir d'ici ma vengeance. »

Et, d'un geste vif, elle remonte sur son bras les lourds bracelets d'or et d'argent.

« As-tu oublié que Makaré a des yeux pour voir et des oreilles pour entendre ? Que rien ne se passe à Thèbes sans qu'elle en soit avertie ? Maintenant dis-moi où se trouve ton ami, le nain nubien.

— Je l'ignore !

— Décidément tu es stupide. Peu importe, nous le retrouverons.

— De quoi m'accuse-t-on ? demande Tétiki.

— Peu importe. L'essentiel est que tu pourrisses dans un cachot. Et tu y pourriras ! Ouni ! »

Ouni ouvre la porte avec un sourire fielleux.

« Mon fils, emmène Tétiki dans le sous-sol de la maison. »

Discrètement Didiphor s'empare du boomerang de son maître et se cache derrière une tenture pour se faufiler derrière Makaré.

Ouni descend un escalier taillé grossièrement dans le rocher jusqu'à une pièce souterraine et obscure. Puis il referme la porte et tire deux verrous.

Une fois seul, Tétiki est assailli d'idées noires. De quel crime l'accuse-t-on ? Qu'y avait-il écrit sur le papyrus ? Connaîtra-t-il un jour ce secret ? Devra-t-il finir ici ses jours, loin de la lumière et de l'Égypte ?

Bien dissimulé dans la grande forêt de cèdres et de sapins qui recouvre, à l'est de Byblos, les flancs du mont Liban, Penou tient conseil avec son cœur. Nul doute qu'un malheur est arrivé à Tétiki. Mais lequel ? Pourquoi ? Comment le retrouver ? À qui demander de l'aide ? Un homme n'a pas d'amis au jour du malheur.

« Je dois agir, je dois agir, se répète-t-il. Hathor, je t'en supplie, ne me repousse pas, viens à mon secours. »

Mais il a beau supplier la déesse, il ne trouve que confusion et migraine. À l'heure où la terre s'assombrit, un vent violent se lève. Autour de Penou, les branches se courbent, se tordent, s'entremêlent, se cassent dans d'affreux craquements. L'obscurité est totale, le ciel invisible. La peur envahit progressivement son esprit et son imagination lui joue des tours. Il sursaute au moindre bruit, s'attendant à voir surgir un chacal, ou un lion, peut-être même un de ces animaux terrifiants que les voyageurs appellent éléphant. Au moindre chuintement, il redoute un serpent, au moindre grincement, un Asiatique armé jusqu'aux dents. Lorsque le vent se transforme en rafale et hurle comme un loup à l'agonie, Penou devient ivre de peur. Il détale vers la vallée, s'égratignant aux buissons, se blessant aux branches ou aux racines, se croyant toujours poursuivi par des bêtes féroces. Enfin il bute sur un objet volumineux et tombe lourdement sur le sol.

« Au voleur ! crie un homme, en saisissant le bras de Penou.

— Que veux-tu que je vole ? Il fait noir comme dans un four à pain. Et je meurs de peur.

— Attends le jour avec moi, répond l'homme. Je garde les troncs d'arbres qu'on abat pour le roi égyptien. Tu connais l'Égypte, toi ?

— J'en ai entendu parler, répond prudemment Penou. C'est un pays béni, une terre inondée de l'amour du dieu Amon-Rê. De partout, à toute heure, on peut voir le ciel et suivre la marche du soleil, puis celle de la lune et des étoiles impérissables. Au milieu de l'Égypte, un fleuve sacré apporte la terre noire qui fait pousser les blés. Il abonde en poissons qui réjouissent les bouches, en crocodiles et hippopotames qu'affectionnent les bons chasseurs, et sur ses rives les oiseaux enchantent les oreilles. Pharaon veille avec sagesse et... »

Penou est interrompu par les ronflements du dormeur. Apaisé par cette présence humaine et l'évocation du pays bien-aimé, il somnole jusqu'à la pointe de l'aube. Dès qu'une pâle lumière filtre à travers les branches, il quitte la terrifiante forêt.

Dans les vergers qui s'étendent entre la ville et le mont Liban, les paysans cueillent les pommes, les figues, les poires, le raisin qu'ils déposent dans des paniers de jonc. Lorsqu'ils relèvent la tête, ils examinent avec curiosité ce nain à la peau noire, qui marche pieds nus et porte un pagne court et défraîchi.

« Pourquoi me dévisagent-ils ? s'indigne Penou. Ai-je l'air d'un hippopotame ? Quel méchant endroit ! En ville on veut me tuer, dans la forêt me fracasser la tête, et ici on me jette des regards de crocodile. Je vais m'habiller comme eux et personne ne me reconnaîtra. »

Au pied des remparts, près d'une caravane qui décharge ses marchandises, se tient un marché où l'affluence est considérable. Profitant de l'agitation et suivant l'adage égyptien : « Voler est naturel pour celui qui n'a rien », Penou s'empare discrètement d'un serre-tête rouge, d'une robe de même couleur, d'une ceinture et de sandales, car dans ce pays, la plupart des habitants marchent chaussures au pied, ce qui est fort inconfortable.

Tout de rouge vêtu, méconnaissable, il évite la ville et le grand port et se dirige vers un modeste port de pêcheurs au sud de Byblos. L'endroit est désert. Le vent se déchaîne toujours et la mer a changé de couleur. De hautes vagues aux crêtes argentées se précipitent dans un fracas assourdissant contre la jetée du port et les falaises qui soutiennent la ville. Sa longue robe claquant au vent, Penou contemple d'un air désapprobateur cette mer en furie, dont les rouleaux se brisent contre les falaises de grès, creusées par la violence des eaux.

Dans une anfractuosité des rochers, il croit voir Didiphor. Incrédule, il s'avance pour observer de plus près l'intriguante silhouette. Il s'agit bien du petit singe, qui, à six coudées de hauteur, se pelotonne contre la paroi en tenant le boomerang serré contre son ventre.

« Didiphor ! Didiphor ! Descends ! »

Le singe se penche prudemment, hésite à reconnaître Penou dans ses vêtements écarlates et retourne dans son coin.

« Didiphor ! Je suis Penou ! » hurle le nain en enlevant son bandeau pour retrouver son allure coutumière.

Le singe se penche à nouveau, hoche la tête, fait un petit signe de la patte et recule dans son renfoncement.

« Il a certainement peur de l'eau, conclut Penou. Je vais aller le chercher. »

Mais pour atteindre le pied de la falaise, il doit entrer dans les vagues déchaînées et lutter contre le reflux qui le tire vers la haute mer. Sa robe mouillée devient lourde et encombrante et ses sandales font floc floc à chaque mouvement. Penou se débarrasse de ses nouveaux habits et atteint enfin l'escarpement. L'escalade est aisée jusqu'au rebord où se tient le singe.

« Tu n'as pas honte de craindre la tempête ? Quand on voyage il faut s'habituer aux changements de climat ! Tu vois, moi, je n'ai pas peur ! Peur de rien, ajoute-t-il à voix basse. Allez, viens ! »

Mais Didiphor refuse obstinément de bouger. Penou se fâche :

« Tu te moques de moi ! Crois-tu que je sois confortablement installé, en plein vent, sur cette arête prête à... »

Il n'a pas le temps de terminer sa phrase qu'un rocher, sur sa droite, se détache de la falaise et dégringole dans la Très Verte. Aussitôt Didiphor s'engage dans une brèche dégagée par la chute du rocher. Penou tente de le suivre mais a le plus grand mal à se faufiler dans l'étroite ouverture. Il se retrouve dans une pièce exiguë, meublée de chaque côté par deux grands sarcophages de pierre. Sur le sol traînent des pointes de flèche en silex, une hache en pierre, des débris d'ivoire et de céramiques.

« C'est une tombe ! conclut Penou. Repartons immédiatement. »

Mais le singe s'est déjà engouffré dans une

deuxième salle, plus petite et plus sombre, tandis qu'une chauve-souris, réveillée par le bruit, le frôle de son aile.

« Didiphor ! Je te préviens, je m'en vais, annonce Penou exaspéré. Tu resteras tout seul. »

Pourtant, les yeux habitués à l'obscurité, Penou avance encore, et par une large lucarne entre dans une troisième chambre. Et là, toute proche, résonne une voix chaude et rocailleuse que Penou reconnaît immédiatement :

« Tu resteras enfermé dans la cave de ma maison jusqu'à ce que tu te décides à dire au prince que tu as comploté contre Pharaon.

— Mais c'est faux !

— Peu importe. Tu préciseras même que tu cherches à faire alliance avec les Bédouins benjaminites[1].

— Je refuse de mentir.

— Alors tu mourras ici de faim et de soif.

— La vie sur terre est brève mais elle est éternelle dans le royaume des morts. Je ne veux pas qu'au jour du jugement mon cœur pèse plus lourd que la plume de Maât dans la balance d'Osiris. »

Penou entend une porte claquer, puis s'empresse de taper sur le mur avec une pierre.

---

1. Les Bédouins benjaminites nomadisaient entre la Mésopotamie et la côte méditerranéenne, dans la steppe et le désert de Syrie.

Le prisonnier, méfiant, ne réagit pas.

« Tétiki ! C'est moi, Penou ! » hurle le nain.

À nouveau le silence de l'autre côté du mur.

« Mais qu'est-ce qu'il a ? s'inquiète Penou. Appelle-le, Didiphor. »

Aux premiers cris du singe, rassuré, Tétiki frappe contre la paroi.

« Où êtes-vous ?

— Dans une tombe qui donne sur la mer. Je vais creuser. »

Le mur est mince, le grès friable, et le nain a vite fait un orifice suffisant pour donner une hache de pierre à Tétiki. Dès que celui-ci passe ses bras et sa tête, Penou le tire en disant :

« C'est grâce à Didiphor, que je te retrouve. »

Le singe, exultant de fierté, tend à son maître le précieux boomerang.

« Didiphor, je t'adore », murmure le garçon.

Tous trois s'empressent de descendre la falaise. La tempête s'apaise, les rafales sont moins fortes mais la mer encore houleuse reste à franchir jusqu'au port.

« Je sais que tu n'écoutes jamais ce que je te conseille, déclare Penou avec emphase, mais nous ne pouvons rester dans ce pays où les Asiatiques, les vents, les rochers et la mer veulent notre mort. Dans deux jours un bateau part pour Thèbes. Prenons-le et rentrons.

— Je ne retournerai pas dans la Ville du Sud sans rapporter du lapis-lazuli. Mieux vaut mourir que désobéir à Pharaon.

— Tu es encore plus têtu que ton singe, se fâche Penou. Que vas-tu faire ? Rester à Byblos pour retomber dans les mains de Makaré ?

— Nous chercherons ailleurs du lapis-lazuli. »

Un vieillard, occupé à contempler le ciel, assis sur la jetée dans une robe de laine trouée, la barbe en broussaille, se tourne vers eux.

« Superbe tempête ! Après un bon vent comme aujourd'hui, je viens toujours admirer les étoiles. Regardez comme elles brillent ! On les dirait en or. Vous aussi vous venez les admirer ?

— Non, nous cherchons du lapis-lazuli.

— J'ignore ce qu'est le "pizuli" mais vous en trouverez certainement à Babylone ! On trouve tout à Babylone.

— Est-ce près d'ici ? demande Penou.

— C'est là-bas, explique le vieil homme en tendant son bras vers le sud-est. Tout droit jusqu'au grand fleuve. Ensuite, il suffit de descendre l'Euphrate jusqu'à la capitale.

— Que les dieux te donnent une heureuse vieillesse », remercie Tétiki.

Dans la salle d'audience du palais, le prince s'impatiente. Enfin Makaré arrive, dans une robe au tissu extrêmement rare et coûteux mêlant le rouge, le blanc et le bleu.

« Noble dame, dit le prince, qu'a avoué ce jeune espion ?

— Il dit travailler pour les Hyksos. Il est chargé de repérer les magasins d'armes, les écuries et les chars. Ensuite il fera alliance avec le clan des Bédouins pour faire avec eux une razzia.

— Ces Bédouins sont de quelle tribu ?

— Il ne l'a pas précisé.

— Il le faudrait. Je vais faire chercher le garçon. »

Makaré prend un air éploré.

« Hélas, prince, il n'est plus là ! Plutôt que d'affronter une nouvelle fois la colère de ton visage, il s'est jeté dans la mer comme un fou furieux. Les vagues terrifiantes d'hier l'ont emmené au loin.

— C'est très regrettable, dit le prince.

— S'il est vivant, Makaré, qui a des yeux pour voir et des oreilles pour entendre, fera tout ce qui est possible pour retrouver sa piste et te le ramener.

— Noble dame, dit le prince, ému, ton dévouement me comble de bonheur. »

6

L'oasis du Rocher fendu

Pendant la fête du dieu Amon, ni les chants, ni les danses, ni les courses en barque, ni les marchands de parfums voluptueux n'ont pu distraire Rouddidite de la pensée de Penou. Son absence lui paraît chaque jour plus insupportable. Le médecin avait donc raison : le seul remède au mal d'amour est le bonheur d'amour. Mais où se trouve son bien-aimé ?

Lorsque Pharaon, après de longues méditations en compagnie de son père Amon, revient s'occuper des affaires de l'Égypte, Rouddidite erre autour du palais en quête de nouvelles. Un matin, elle surprend une conversation à la sortie de la maison royale.

« Ce Tétiki est un traître ! s'indigne le grand vizir. Je m'en doutais.

— J'en suis très surpris, au contraire, répond le grand prêtre d'Amon. Son regard paraît aussi clair que le Nil dans la lumière du matin.

— Pourtant la lettre du prince de Byblos décrit bien son infamie.

— Les dieux encouragent parfois des désirs insensés, constate avec regret le grand prêtre.

— La force de Pharaon va se faire connaître. Il brisera cet imposteur... s'il est encore vivant ! »

Rouddidite reste figée de douleur tandis que les deux hommes s'éloignent.

Au début du troisième mois de la saison sèche, l'eau du fleuve atteint presque les pylônes du temple de Karnak. Rouddidite pénètre dans la première cour, un peu intimidée par la hauteur des colonnes et la majesté des statues. Parmi les paysans, fonctionnaires, policiers, chanteuses appartenant au temple, elle remarque une petite vieille qui marche lentement en plumant son oie et s'approche.

« Pain et bière ! Sais-tu où je peux consulter le dieu ? »

La paysanne lui indique la direction du parc où l'animal d'Amon, le bélier, broute paisiblement. En effet, près du parc, dans une petite salle, un prêtre, torse nu, crâne rasé, une peau de panthère sur les épaules, se tient incliné devant la statue d'Amon en murmurant des prières. À l'arrivée de Rouddidite, il se retourne.

« Bienvenue ! Que puis-je faire pour toi ?

— Je voudrais interroger le dieu. Mais je n'ai à lui offrir que ce collier qui me vient de ma mère », dit-elle en montrant un beau bijou d'argent.

Le prêtre acquiesce de la tête et Rouddidite donne son collier.

« Que veux-tu savoir ?

— Le dieu peut-il me dire si Penou, un Pygmée qui danse la danse du Soleil, est vivant ? J'ai dessiné ce message. »

Et elle tend une petite stèle de calcaire où sont représentées maladroitement plusieurs oreilles à côté d'Amon, afin qu'il écoute attentivement la requête.

Le prêtre dépose le dessin à côté de la statue puis écrit sur une première tablette de calcaire : *Penou est mort,* et sur une deuxième : *Penou est vivant.*

Devant la première tablette, la statue demeure

immobile, devant la seconde elle incline par deux fois la tête.

Rouddidite sent des larmes de joie couvrir son visage et murmure :

« Penou, mon bien-aimé, où que tu sois, je te retrouverai. »

Au village des arracheurs de papyrus, dans la maison de pisé, Rouddidite rayonne de bonheur.

« C'est décidé. Je pars chez les étrangers. La petite voisine s'occupera de toi. D'ailleurs ta jambe est bientôt guérie et tu pourras marcher à nouveau.

— Pourquoi cette absurde idée de départ ?

— J'ai envie de revoir ma mère. Au temple, le dieu Amon m'a dit qu'elle était en danger. »

Antef examine la jeune fille de son regard aigu.

« Tu n'es qu'une petite sotte qui ne sait même pas mentir. Tu n'es pas digne d'être la fille de ta mère et tu lui causeras plus d'ennuis que d'agréments. Je t'ordonne de rester ici. »

Antef essaie de se lever en brandissant sa canne, mais Rouddidite s'éloigne en riant.

« Fais attention ! Tu vas te casser la jambe à nouveau. »

Tandis qu'elle vide le coffre de ses vêtements, Antef change de ton :

« Que deviendrai-je sans toi ? Je suis seul, impotent, malade. Tu es l'unique soleil de mes journées. Abandonneras-tu un vieil homme dans la peine ? »

Rouddidite déclare sèchement :

« Ne cherche pas à m'attendrir. C'est inutile. L'amour m'appelle et je pars. Adieu. »

En s'éloignant de la maison elle entend :

« Que le crocodile t'avale ! Que le Nil t'engloutisse, que le dieu Seth, dans sa colère, te rende aveugle et sourde. »

Petit à petit les menaces d'Antef se perdent dans le lointain.

Didiphor s'amuse follement dans la forêt du mont Liban. Il saute d'arbre en arbre, se pend par la queue, par les bras, se livre à mille cabrioles et lorsqu'il est fatigué somnole dans les branches.

La vie s'organise sur les pentes de la montagne blanche. Tétiki chasse les oiseaux au boomerang, Penou allume le feu en faisant tournoyer et chauffer une tige de cèdre contre une bûche de hêtre, près d'aiguilles de pin. Les torrents qui dévalent des sommets neigeux leur apportent de l'eau claire et fraîche. Pourtant, un jour où les nuages de l'automne assombrissent particulièrement la forêt, Penou déclare :

« J'ai envie de pleurer.

— De pleurer ? s'étonne Tétiki. Nous sommes bien cachés ici et nous avons de quoi manger, boire et dormir.

— Il fait sombre comme dans une tombe. Sans lumière et sans soleil je vais certainement tomber malade.

— Bientôt nous aurons fait le tour de la montagne. Alors le grand fleuve qui descend vers Babylone ne sera plus loin. »

Penou bougonne :

« Tu présentes toujours les choses comme faciles à accomplir. Ce grand fleuve, nous ne savons même pas où il se trouve. Peut-être à une année de marche ! »

Quelques jours plus tard, au bout d'un sentier, Penou aperçoit le ciel qui s'étend jusqu'à l'horizon. Le désert remplace vite la forêt, la poussière succède aux torrents, et la soif revient dessécher les gosiers. La marche dans le désert de Syrie est longue et épuisante.

« Regarde ! là-bas, il y a un puits ! s'exclame Penou.

— Je ne vois rien d'autre que des cailloux.

— Crois-moi, cette margelle est faite de main d'homme. »

Il y a bien un puits et même une outre en peau de chèvre accrochée à une poulie. Les deux amis se désaltèrent très lentement, comme il est d'usage dans le désert, lorsqu'un jeune homme, vêtu d'une longue robe aux larges manches, un foulard noué sur ses cheveux, un sabre de bronze à la ceinture, s'approche d'un air courroucé.

« Cette eau est à nous !

— Je l'ignorais, répond Tétiki.

— Tu ne sais pas reconnaître les bornes ? s'énerve le jeune Bédouin. Tu es pourtant passé à côté d'une grande pierre noire. Où sont vos moutons ?

— Nous n'en avons pas.

— Vous n'avez rien ?

— Non.

— Alors marchez devant moi », s'écrie-t-il d'un ton brusque en levant son sabre.

Les deux amis avancent prudemment. Derrière eux, le jeune Bédouin ne cesse de les menacer :

« Ne cherchez pas à fuir ! Attention à ma force ! Je peux briser votre corps ! Je peux tout seul faire un carnage ! Quand Tagi arrive, la mort se dresse à ses côtés. Retenez bien mon nom : Tagi ! Il fait trembler tous les hommes du désert !

— Quelle araignée lui démange la tête ? demande Penou à voix basse.

— C'est la peur qui le ronge.

— Quand j'ai peur je ne parle pas tant.

— Toi, tu danses. Ce qui te permet d'être très courageux », dit Tétiki.

Le nain sourit de fierté et accélère le pas.

La lune est au milieu du ciel, lorsque le plateau désertique s'arrête brusquement au bord d'une étroite vallée. La lumière de la lune permet de distinguer une oasis. Des tentes en peau sont dressées près de petits jardins, et des centaines de moutons et de chèvres dorment sur les versants du vallon. Aussitôt Tagi détale vers la plus grande tente.

« Des étrangers ! Il y a des étrangers ! Des redoutables !

— De quoi parles-tu ? dit un homme, en émergeant de sa couverture.

— D'un petit très noir et très fort. D'un drôle d'animal qui saute très vite. »

L'homme soupire :

« Ne tremble pas comme cela, fils. Va les chercher et dis-leur de venir sous la tente d'Artatama. »

Tagi remonte la pente, toujours aussi effrayé.

« Mon père vous attend sous sa tente. Marchez devant moi. »

Et il brandit à nouveau son sabre pour se faire obéir.

Artatama, au visage allongé, aux yeux très noirs et bienveillants, est vêtu d'une grande robe de laine bleue. Assis sur un coussin, il attend les nouveaux arrivants.

« Bienvenue dans l'oasis du Rocher fendu, étrangers. Prenez ce qui vous est agréable. »

Et il leur présente un panier de dattes, un autre de figues, une galette coupée en morceaux et une cruche de lait de chèvre.

« D'où venez-vous ?

— De Byblos.

— Où allez-vous ?

— À Babylone ! »

Le chef a un petit hochement de tête.

« C'est loin, Babylone !

— On y trouve tout », explique Penou.

Le chef de la tribu dévisage ses interlocuteurs

avec une calme attention puis, après un moment de silence, déclare :

« Vous resterez ici pendant un mois, jusqu'à la transhumance.

— Pourquoi ? s'indigne Tétiki. Nous avons une mission urgente à accomplir.

— Rares sont les voyageurs solitaires, explique le chef. Le plus souvent ce sont des fugitifs ou des espions. J'ai besoin de temps pour savoir qui vous êtes et ce que vous faisiez sur les terres de ma tribu. Les relations entre les Benjaminites et le prince de Byblos sont difficiles. N'essayez pas de fuir, nous vous rattraperions vite. »

Puis il leur montre à chacun une couverture.

« Que votre sommeil soit paisible ! » dit-il en se levant et en se dirigeant vers le côté de la tente réservé à la famille.

Un mois passe. La femme d'Artatama et sa plus jeune fille, Sasina, ont tissé de longues robes de laine pour les deux voyageurs, car souvent de gros nuages gris courent dans le ciel, poussés par le vent glacial du nord. Elles ont même cousu un petit manteau pour Didiphor. Car l'animal est devenu la mascotte du campement. Les enfants jouent avec lui du matin jusqu'au soir, le gavent de figues, de dattes, de lait de noix de coco, et le singe a considérablement grossi.

Penou apprend les occupations des nomades : traire les vaches, les chèvres, les ânesses, qu'il conduit à la source du Rocher fendu qui fait la richesse de l'oasis. Il aide à nettoyer les étroites rigoles qui irriguent les champs en attendant l'arrivée des premières pluies. Il enseigne aussi aux enfants danses et cabrioles.

Tétiki supporte mal l'attente et s'inquiète. Ramener du lapis-lazuli lui paraît un projet irréalisable, tant les obstacles se dressent sur sa route. Il évoque avec nostalgie le pays à la terre noire. Ce doit être la fin de la décrue du Nil. Certainement les paysans binent et labourent la terre, puis sèment les graines que les animaux piétinent dans le sol encore humide. Il songe aux mugissements des vaches tirant les charrues de bois, aux scribes qui comptent les sacs de semences, aux oiseaux qui les picorent. Il songe à Pharaon. A-t-il rejoint son armée à Sharouhen, le nid des Asiatiques dans le pays de Canaan ?

« Qu'as-tu ? demande Sasina de sa voix douce. Tu as l'air de plus en plus triste.

— Je voudrais partir d'ici. Pharaon m'a confié une mission, et mon cœur ne sera en paix que lorsque je l'aurai accomplie. Pourquoi ton père ne nous laisse-t-il pas rejoindre Babylone ? Se méfie-t-il encore de nous ?

— Mon père est heureux de ta présence. Elle le console d'avoir un fils si peureux, incapable de devenir chef. Mais je lui dirai que tu souhaites t'en aller. Il comprendra. »

Puis elle baisse les yeux en rougissant légèrement.

« Moi aussi je suis heureuse que tu sois là. »

Et elle s'enfuit en courant.

Le lendemain, rassuré par les propos de Sasina, Tétiki se dirige vers la tente d'Artatama pour envisager avec lui son départ vers l'Euphrate. À peine a-t-il salué le chef qu'un Bédouin se précipite.

« Une caravane est à trois jours d'ici. Il y a au moins cinquante ânes et cent moutons.

— Sont-ils des Benjaminites, des amis ? demande le chef.

— Non. Ce sont des Fils du Sud.

— Alors, organisons la razzia. Va chercher des volontaires dans l'oasis. Tu l'es certainement, Tétiki », dit le chef avec un doux sourire.

Tétiki n'ose pas refuser. Mais il trouve le destin bien cruel qui l'oblige à différer encore son départ.

Dès que les volontaires sont rassemblés, Artatama déclare :

« Je serai le chef de la razzia. Vous me devrez entière obéissance. Il est interdit de faire couler le sang et de faire payer à la tribu le prix de la vengeance. »

Puis il répartit les hommes en deux groupes : ceux qui voleront le bétail, et ceux qui se tiendront en embuscade pour arrêter les Fils du Sud et les empêcher de récupérer leur troupeau. Tétiki et Penou font partie du deuxième groupe.

Après une longue journée de marche, lorsqu'un beau croissant de lune monte à l'horizon, le chef aperçoit au loin le campement de la caravane.

« Nous attaquerons au milieu de la nuit », décide-t-il.

Le moment venu, les hommes du premier groupe, poignard et sabre à la ceinture, s'approchent du campement à pas furtifs. Sans bruit, ils enlèvent la clôture de corde du parc à moutons, délient les pattes entravées des ânes, et poussent le troupeau dans la direction de l'oasis. Réveillées, quelques bêtes s'énervent, grognent et bientôt tout le troupeau bêle et brait lamentablement. Les caravaniers s'affolent.

« La razzia ! La razzia ! »

Aussitôt les Fils du Sud prennent leurs armes

pour courir derrière les voleurs. C'est alors que le deuxième groupe surgit pour les arrêter. Tétiki, heureux de retrouver les plaisirs de la lutte, jette à terre les ennemis les uns après les autres. Le combat dure longtemps, pour permettre au troupeau de s'éloigner suffisamment. Puis Artatama ordonne :

« Revenez maintenant ! »

Dans la clarté des torches agitées par les voyageurs, Penou distingue un vase d'albâtre contenant de la graisse parfumée. N'écoutant que sa coquetterie, il rampe habilement jusqu'au vase, le saisit, lorsqu'un rayon de lumière tombe sur lui et qu'il entend :

« Penou ! Mon bien-aimé ! Je te retrouve enfin ! »

Le nain sursaute, se retourne et découvre Rouddidite, qui se précipite vers lui et lui agrippe un bras.

« Traîtresse ! Laisse-moi ! murmure Penou en reculant.

— Vivre sans toi est mourir chaque jour !

— Menteuse ! Laisse-moi m'échapper.

— Je ne veux plus jamais te quitter, explique Rouddidite.

— Mais laisse-moi. Je te déteste ! Je te méprise ! Je te trouve affreuse !

— J'ai traversé la mer et le désert pour toi.

— Affreuse coquine ! Tu m'as tellement transpercé le cœur que je n'en ai plus. »

Et d'un mouvement vigoureux, il repousse Rouddidite et s'enfuit en abandonnant le vase d'onguent.

C'est la liesse dans l'oasis. Sur de grands feux rôtissent des moutons, dans des pots de terre remplis de lait cuisent bouillies et légumes. Après le festin, on chante en chœur et Penou mène la danse au rythme du tambour.

Le ciel aussi fait sa musique. Des grondements de tonnerre se font entendre au loin et de gros nuages noirs cachent les étoiles. Soudain, dans la sombre vallée, une pluie drue s'abat avec violence.

« La pluie ! Enfin la pluie ! » crient de bonheur les Bédouins, qui attendent les larmes du ciel pour commencer les semailles.

Tous retournent bien au sec sous leur tente en poil de chèvre. Penou reste seul à danser sous la pluie battante, tant il est stupéfait de voir l'eau tomber du ciel[1]. Les feux s'éteignent sous l'averse, la nuit s'assombrit encore et Penou sent un grand froid l'envahir. Rouddidite ! Elle était plus belle encore qu'à Thèbes ! Pourquoi l'a-t-il rejetée ? Pourquoi

1. Il ne pleut presque jamais en Égypte.

a-t-il refusé son amour ? Comment a-t-il pu insulter un être aussi délicieux ? Certes, à Thèbes, elle s'est abominablement moquée de lui. Mais Hathor a peut-être changé son cœur. Et voilà qu'il a gâché leur rencontre. Maintenant, il n'y a plus aucun espoir de bonheur. Jamais elle ne lui pardonnera sa méchanceté !

« Je ne savais plus combien je l'aimais ! » murmure-t-il.

Et tristement, assis dans une flaque d'eau, il ferme les yeux pour mieux se remémorer la figure et les paroles de sa bien-aimée.

7

Mère et fille

« Pour quelle stupide raison es-tu venue à Byblos ? Regarde-toi ! dit Makaré en tendant un miroir de bronze ! Ton visage ressemble à ceux des barbares qui courent sur les sables. »

Rouddidite, encore couverte de la poussière du désert, sa robe de lin sale et chiffonnée, baisse les yeux.

« Pourquoi as-tu quitté Thèbes ? insiste sa mère.

— Je n'étais plus utile dans la Ville du Sud. Antef est presque guéri, explique Rouddidite d'un air faussement contrit. Pharaon a demandé à tous les gouverneurs et à tous les officiers d'arrêter Tétiki et

Penou à la frontière. J'ai pensé qu'ici je pourrais t'aider davantage.

— Ma pauvre enfant, répond Makaré avec condescendance, je n'ai aucun besoin de toi.

— Je découvrirai peut-être où se trouve Tétiki. »

Makaré jette à sa fille un regard méprisant.

« Ta mère a des yeux pour voir et des oreilles pour entendre. Je te le répète : pourquoi as-tu quitté Thèbes ? »

Rouddidite pousse un gros soupir.

« Ce n'était pas amusant de vivre avec Antef. Voilà la vérité. J'avais envie d'être avec toi, de mettre de belles robes, de m'enduire d'onguents parfumés, de vivre près d'un palais plutôt que dans un village pouilleux. »

Makaré n'est pas entièrement convaincue.

« Tu me caches quelque chose que je finirai par découvrir. Maintenant va voir les servantes pour qu'elles te baignent, t'épilent, te parfument et te fardent. Et puisque tu souhaites être utile, tu feras ce soir des acrobaties devant le prince. »

Le soir, dans leur longue robe de laine fine cintrée par de magnifiques écharpes de couleur, le prince de Byblos et les dignitaires de sa cour admirent les acrobaties de Rouddidite. Son corps souple et agile, ses grands yeux couleur turquoise, sa somptueuse chevelure noire plongent l'assistance dans le ravissement. Lorsqu'elle rejoint le prince, celui-ci se tourne vers Makaré.

« Aujourd'hui est un jour heureux. Cette caravane amène ta fille, belle comme la déesse Hathor, et une bonne nouvelle. L'espion égyptien et son nain aux cheveux crépus se cachent dans la tribu d'Artatama. Le caravanier les a aperçus. Il sera facile de les arrêter. »

Rouddidite dissimule son inquiétude et s'incline vers le prince.

« Si je puis servir tes plans, sache que je suis ta dévouée servante. »

Makaré grimace de déplaisir.

« Le cœur de ma fille est généreux, mais elle est bien jeune pour des entreprises aussi délicates.

— J'enverrai des soldats ramener ces misérables ! »

Puis il ajoute en regardant Rouddidite avec tendresse :

« Mon enfant, que ton innocence te protège longtemps de la méchanceté et de la ruse ! Toi, tu es faite pour le plaisir et la joie. Que souhaites-tu ? »

Rouddidite fait trois cabrioles et retombe à genoux devant le prince.

« On m'a dit que le sommet des montagnes était ici recouvert d'une poudre blanche et scintillante.

— En effet, cela s'appelle la neige.

— Ce serait magnifique de faire de grands feux sur cette poudre brillante. Ainsi, jusqu'à l'horizon, sur la mer et sur le désert, resplendirait ta puissance.

— Ne l'écoute pas, prince, ce long voyage lui a dérangé l'esprit », avertit Makaré.

Le prince sourit.

« Je trouve l'idée très amusante au contraire. Nous organiserons ces feux dans quelques jours. »

Après la pluie, dans l'oasis du Rocher fendu, les Bédouins sèment les grains d'orge et de blé, et plantent oignons et légumes. Soudain Tagi arrive en courant, l'air affolé.

« Préparons-nous à l'attaque ! Un homme sur un char se dirige vers nous !

— Un homme seul ?

— Oui, seul.

— Alors il n'est guère dangereux, conclut Artatama. Accueille-le et dis-lui de venir sous ma tente. »

Puis, avec un triste soupir, il murmure : « Quand mon fils cessera-t-il de craindre tout ce qui bouge ? »

« Bienvenue, dit l'homme en pénétrant sous la tente. Es-tu bien le chef Artatama ?

— Je le suis.

— Voici un message pour toi, dit-il en présentant un papyrus.

— Qui me l'envoie ?

— J'ai été payé très cher pour me taire. »

Et sans ajouter un mot, il s'incline et retourne vers son attelage. Le chef lit lentement :

Au chef Artatama, un ami dit ceci : « Le prince de Byblos enverra un détachement de soldats pour récupérer Tétiki et Penou. Je te ferai prévenir la veille en levant des feux. »

Artatama reste un moment silencieux puis s'adresse à Tagi :

« Préviens les Anciens que je vais réunir leur conseil. »

Près de la tente où les Anciens sont réunis, Tétiki marche de long en large.

« Comment nous ont-ils reconnus pendant la nuit de la razzia ? » demande-t-il.

Penou regarde ses pieds.

« Nous sommes très connus et très recherchés ! »

Et d'une voix plus basse il murmure :

« Peut-être à cause de Rouddidite !

— Que vient faire ici Rouddidite ?

— Elle était dans la caravane.

— Et tu ne m'as rien dit ?

— Elle ne disait que des mensonges !

— Quels mensonges ?

— Qu'elle m'aime, qu'elle va mourir loin de moi ! »

Tétiki a un petit sourire amusé.

« Une fieffée menteuse, en effet.

— Je la déteste, mais de la revoir m'a fait trembler d'émotion !

— De l'avoir revue va nous causer beaucoup d'ennuis ! »

En effet des éclats de voix leur parviennent de la tente du chef :

« Ils ne peuvent pas rester ici, dit un Ancien.

— Emmenons-les avec nous au mont Bisir pour la transhumance, propose un autre.

— Ce serait nous révolter contre le prince. C'est beaucoup trop dangereux.

— Il est capable de faire brûler nos champs et nos tentes.

— Tétiki et Penou n'ont qu'à partir pour Babylone ! s'exclame le premier Ancien.

— Du calme, réclame Artatama. Voilà ce que je vous propose... »

Puis les voix deviennent inaudibles.

Le soir, Artatama rejoint Tétiki.

« Mon garçon, le conseil des Anciens a décidé votre départ. Les tribus benjaminites ne peuvent pas se permettre d'entrer en conflit avec le prince en hiver, pendant la transhumance.

— Ne te fais pas de soucis. Nous partirons demain vers l'Euphrate. Il est temps que je trouve du lapis-lazuli.

— Si tu veux ramener cette pierre bleue à laquelle tu tiens tant, tu dois faire preuve de prudence. À pied, dans le désert en direction de l'Euphrate, tu seras vite rattrapé par les chars du prince. Monte plutôt dans les montagnes du nord. Reste là-bas tout l'hiver. Le prince vous oubliera pendant ce temps, ou vous croira morts. Il est de nature frivole. »

Tétiki reste silencieux. Tout un hiver encore à attendre, avant de rejoindre Babylone ! Un long et douloureux hiver ! Pourquoi le prince le déteste-t-il tant ? Qu'y avait-il donc d'écrit sur ce maudit papyrus que Makaré lui a donné ?

Artatama respecte un moment les méditations du garçon avant d'ajouter :

« Je vous enverrai un signal avec des torches de feu quand les soldats s'approcheront pour que vous vous cachiez habilement les jours suivants. »

Le lendemain matin, à l'heure où la terre s'éclaire, Tétiki, une couverture sur les épaules, cherche en vain sa robe et son long manteau de laine. Il soulève les nattes, les coussins, réveille Penou, et s'énerve.

« Qui a caché mes vêtements ? Didiphor ! Cherche-les et ramène-les-moi. »

Didiphor sort de la tente et revient, après un long moment, avec Sasina tenant une robe et un manteau bleus, tout neufs, dans les bras.

« C'est pour toi, Tétiki.

— Pour moi ?

— Oui. Nous avons pris tes vêtements pour les faire porter par Tagi. Nous espérons qu'ainsi il deviendra comme toi. »

Tétiki fronce les sourcils d'un air intrigué. Sasina explique :

« Si Tagi porte les vêtements d'un garçon courageux, il guérira peut-être de sa couardise. Car c'est très grave pour un nomade de ne pas savoir razzier et défendre son campement. Il est condamné à se faire voler ses bêtes et à mourir de faim. »

Puis elle lui tend les habits bleus.

« Prends-les. Je les ai tissés pour toi. Prends aussi cette tunique en peau de mouton, car il fera très froid. Ma mère a fabriqué des couvertures et des habits pour Penou.

— Merci, merci beaucoup, dit Tétiki. Vous avez tous été très bons pour nous.

— Les nomades respectent les devoirs de l'hospitalité. Et mon père t'aime. »

Ému, Tétiki flaire le cou de Sasina, qui, toute troublée, ajoute :

« Voilà un manteau pour Didiphor. »

Tétiki habille le singe en s'exclamant :

« À tant manger tu es devenu lourd et gras comme un hippopotame. Maintenant, la bonne vie est finie. L'hiver t'apprendra à jeuner. Allons dire adieu à nos hôtes. »

Penou enfile ses nouveaux habits de laine épaisse en murmurant :

« Hathor, tu m'as chassé de tes mamelles, puis d'Égypte, et maintenant tu me fais quitter les êtres humains. Pourquoi ? Pourquoi ? »

Sur les pentes neigeuses du mont Liban, des porteurs de torches éclairent un singulier cortège. Des chaises à porteurs décorées d'or et d'argent, posées sur des traîneaux, sont tirées chacune par une dizaine d'hommes en sandales. Sur d'autres traîneaux sont amoncelées des branches de sapin, sur d'autres encore des amphores de bière et de vin, des fruits et des gâteaux.

Le prince de Byblos, dans une couverture en fourrure de renard, se penche vers Rouddidite, assise à ses côtés.

« Mon enfant, ma chère enfant, ton initiative est merveilleuse. Je ne me suis jamais tant amusé. Quel dommage que ta mère n'ait pas pu venir.

— Elle craignait les effets de l'altitude », déclare Rouddidite d'un ton contrit.

Le prince jette un coup d'œil narquois à sa voisine.

« Je crois plutôt qu'elle était agacée par ce divertissement... et par sa fille.

— C'est possible », répond nonchalamment la jeune fille.

Au sommet du mont Liban, on allume de grands feux, on installe tout autour des tapis et des coussins sur la neige, et les serviteurs servent boissons, fruits et gâteaux. Le ciel fourmille d'étoiles. D'un côté s'étend la grande mer, de l'autre le désert de

Syrie, et partout brille la splendeur du prince. Rouddidite s'amuse à courir de gauche à droite avec un drapeau en flammes.

« Que fais-tu là ? demande le prince.

— Je salue les étoiles et les dieux.

— Que tu es amusante ! »

Sur le plateau qui domine l'oasis du Rocher fendu, Artatama surveille la nuit depuis trois jours. Dès qu'il voit au loin osciller un tissu en flammes, il descend chercher des braises dans un pot de bronze. Puis il allume l'étoupe et met le feu à un tas de branchages. Quand les flammes crépitent, il lève la plus grande branche et l'incline de gauche à droite. Bientôt, au loin, vers le nord, un autre feu s'allume pour prendre le relais. Le chef soupire de soulagement.

« Tétiki sera prévenu de l'arrivée des soldats. »

Trois jours plus tard, au milieu du jour, bien cachés dans une grotte, Tétiki, Penou et Didiphor entendent des bruits de roues qui s'arrêtent en contrebas de leur massif rocheux. Puis résonnent des exclamations et les pas des guerriers du prince qui vont et viennent autour d'eux. Enfin, le silence.

« Restons encore ici, ils peuvent revenir, déclare Tétiki.

— À rester immobiles dans cette grotte lugubre, nous allons devenir des momies », conclut Penou d'un air sinistre.

« Je crains, ma pauvre fille, que tu aies une cervelle d'âne ! commente Makaré. La moitié des dames de la cour sont tombées malades après leur nuit sur le mont Liban. Tu sèmes le désordre partout où tu passes.

— As-tu des nouvelles d'Antef ? demande Rouddidite d'une voix indifférente. Est-il content de la petite fille que j'ai mise à son service en partant ? Il a été si gentil pour moi, si délicat !

— Cesse de dire des niaiseries. Je connais Antef. Il n'est ni gentil, ni délicat. Et il est furieux de ton départ. »

Makaré s'approche de la fenêtre et contemple la Très Verte, grise comme le ciel.

« Je ne sais pas ce que tu as dans la tête, dit-elle, mais je suis certaine que tu me caches quelque chose. Demain tu partiras pour Ougarit.

— Où est-ce ?
— Un port sur la mer, plus au nord.
— Et pour quoi faire ?
— Te marier. Un riche marchand, qui saura se faire obéir, t'attend là-bas. Ton frère t'accompagnera.
— Et je te surveillerai, ma capricieuse petite sœur », dit Ouni en pénétrant dans la pièce.
Rouddidite jette des regards furibonds.
« J'en parlerai au prince. Il ne me laissera pas partir.
— Tu ne lui diras rien car tu ne le verras pas. Je lui dirai que la neige t'a rendue malade. »
Et Makaré explose d'un grand rire triomphant. Accompagnée d'Ouni, elle sort et ferme le verrou de la porte. Furieuse comme une panthère, Rouddidite tambourine sur la porte de ses deux poings en hurlant :
« Ouvrez ! Ouvrez, ou je me jette dans la mer !
— J'irai ramasser ton cadavre ! » répond son frère.
Après avoir tourné dans la chambre comme un serpent dans un bol, Rouddidite se sent triste et fatiguée. Tout lui paraît odieux : retourner chez Antef, rester près de sa mère, et pire encore, épouser un inconnu. Seule la pensée de Penou lui réchauffe le cœur et lui redonne courage.

« Comment lui faire comprendre que je l'aime et que je ne mens plus ? Enfin, que je ne mens plus avec lui ? J'arriverai à le convaincre de mon amour. Mais d'abord je dois sortir d'ici. Je n'ai pas de temps à perdre. À cette heure, tout le monde se prépare pour le repas du soir. »

À la fenêtre, Rouddidite se penche. Au premier étage s'ouvre une autre fenêtre, et plus bas commence la falaise.

« Ô Hathor, dit-elle, déesse du plaisir et du bonheur, protège-moi. Soutiens-moi dans tes deux cornes de vache pour que je ne me précipite pas dans la Très Verte. »

Elle enlève rapidement sa longue robe, son serre-tête, ses sandales, et vêtue de son petit pagne entreprend l'escalade. L'acrobate est si légère, si souple, ses doigts si fermes, que la descente lui paraît plus facile que prévue.

« Merci, Hathor, dit Rouddidite en plongeant dans les vagues. Je t'offrirai des bracelets, des colliers et des parfums dès que je serai heureuse. »

Au pied de la falaise, installé sur un rocher, un vieil homme, à la barbe en broussaille, vêtu d'une robe de laine trouée, admire les reflets du soleil couchant sur la Très Verte.

« Jeune fille, arrête-toi de courir. Prends le temps d'admirer la beauté du soir.

— Je suis pressée. Je pars à la recherche de mon bien-aimé.

— Je ne sais pas ce qu'est un bien-aimé, mais tu en trouveras certainement un à Babylone. On trouve tout à Babylone. »

Et devant l'air surpris de la jeune fille, il ajoute :

« Marche du côté où le soleil se lève jusqu'à un grand fleuve. Il te conduira à la capitale de la Babylonie.

— Que les dieux te permettent de voir encore longtemps le coucher du soleil. »

8

Babylone

« Nous vivons un temps misérable », répète Penou tous les jours.

Pourtant la grotte est maintenant aménagée. Le nain s'est occupé du confort : lits de feuilles et de mousse, petits cônes de résine de pin pour parfumer la pièce, troncs d'arbres morts en guise de table ou de tabouret. Trois grosses pierres servent de brasero et provision est faite de petit bois. Tétiki chasse avec son boomerang et ramène pour les repas oiseaux, moutons égarés, renards, dont les peaux servent de couverture et de tapis. Tous deux fabriquent des outils avec des silex et du bois collé avec de la résine.

Didiphor souffre affreusement du froid. Tous les matins, il crie longtemps pour aider le soleil à sortir de sa barque de nuit, mais l'astre du jour reste souvent caché derrière les nuages.

Un matin, il tombe du ciel de grosses gouttes blanches qui recouvrent le sol d'un manteau duveteux, comme si toutes les oies du Nil avaient donné leurs plumes pour recouvrir la terre. Un grand silence se fait dans la montagne. Seuls résonnent encore les croassements des corbeaux. Tétiki fait un singe de neige, que Didiphor, jaloux, s'empresse de détruire.

De temps à autre, Penou demande en soupirant :

« À ton avis, le prince de Byblos nous croit-il suffisamment morts ? »

Lorsque les premiers perce-neige apparaissent, le retour est décidé. La descente est un ravissement. À perte de vue la steppe se couvre de fleurs, jaunes, bleues, rouges, de bosquets de térébinthe, pistachiers, genévriers, aux odeurs étourdissantes, de délicieux champignons cachés dans les buissons.

Sur les pentes de l'oasis du Rocher fendu, profitant de la chaleur printanière, les Bédouins tondent les moutons aux épaisses toisons de laine.

« Tétiki ! crie Sasina en reconnaissant la première le visiteur. Tétiki et Penou sont vivants ! Ils reviennent ! »

La nouvelle se répand de tente en tente, de champ en champ, et les Bédouins se précipitent à leur rencontre, bousculant les moutons qui bêlent de plus belle et les chiens qui aboient. Le chef, surpris par le tapage, sort de sa tente et tend les bras.

« Mes amis, je me réjouis de vous revoir. J'ai souvent demandé aux dieux de protéger vos vies. Que votre retour soit une occasion de fête, et qu'on tue le mouton pour ce soir.

— Oh ! non ! gémit Penou. Depuis des semaines nous ne mangeons que du mouton et des oiseaux. J'ai faim de pain, de lait, de beurre, de fromages, de bouillies et de gros oignons cuits.

— Tu auras cela aussi », répond Artatama en souriant.

À la fin du repas, Artatama demande le silence et déclare d'une voix forte :

« Vous savez tous ici que mon fils Tagi sait maintenant razzier et piller comme un vrai fils du désert. Je te remercie, Tétiki, de lui avoir prêté tes vêtements et d'avoir ainsi rendu la fierté à ma famille. Je souhaite que tu restes parmi nous. Je te donnerai ma fille Sasina pour femme, un territoire pour habiter et des moutons pour vivre. »

Tétiki, ému, reste un moment silencieux, puis répond :

« Tu m'as reçu quand j'étais dans la peine,

entouré d'affection et de bonnes paroles, et ton offre me remplit de reconnaissance. Mais je ne puis vivre heureux dans la colère de Pharaon. Je n'aurai ni bonheur ni repos avant d'avoir rapporté la pierre bleue à Thèbes et retrouvé la confiance du roi de Haute et de Basse-Égypte.

— Agis, mon fils, comme il te semble bon. Pour votre voyage Tagi vous accompagnera jusqu'à l'Euphrate, où il vendra nos moutons à bon prix. Lorsque tu seras à Babylone, tu te rendras chez Dagan-Malik. C'est un Benjaminite, un ancien nomade qui s'est installé dans la capitale. Je le ferai prévenir de ton arrivée par des voyageurs. »

Deux jours plus tard, Tétiki et Penou prennent congé de la tribu d'Artatama.

« Reste vivant aussi longtemps que le ciel et la terre, murmure Sasina.

— Que l'amitié reste dans nos cœurs, » répond Tétiki en la flairant délicatement.

Artatama le serre contre sa poitrine.

« Fais-nous parvenir de tes nouvelles par Dagan-Malik. J'espère te rencontrer un jour en Égypte, car après tout ce que tu m'as dit de ce pays béni des dieux, je suis impatient de le connaître. »

Après de longues embrassades et le départ du troupeau de moutons, les deux amis et Didiphor s'éloignent sur le plateau fleuri.

Dans la chambre du prince, Makaré, en robe rouge, explose de colère :

« Aucun de tes policiers, aucun de tes soldats n'a été capable d'attraper Tétiki et Penou pendant tous ces mois d'hiver !

— Ils sont certainement morts !

— Ils ne sont pas de ceux qui se laissent mourir. Tu es servi par des incapables, des bons à rien. Et de Rouddidite, aucune nouvelle ! Pas le moindre renseignement à son sujet. »

Le prince lève les bras d'un air accablé.

« Ne te fâche pas, noble dame. Tu me brises le cœur. Un jour, certainement, nous les retrouverons.

— Nous les retrouverons, si je m'en occupe. Laisse-moi partir pour Babylone. Là-bas, circulent des nouvelles de la terre entière. Donne-moi l'argent nécessaire pour le voyage, un char et une escorte.

— Je vais m'ennuyer sans toi ! » soupire le prince.

Makaré prend un air modeste.

« Certainement beaucoup d'hommes et de dames de ta cour seront heureux de te divertir et le feront mieux que moi.

— Mon amie, fais ce qu'il te plaira. Comme toujours ! dit le prince d'un ton résigné. Mais reviens vite et ramène ta fille. Elle a des idées tellement amusantes.

— Puisque tu le désires, je partirai demain.

— Déjà ! » s'exclame le prince, affolé.

Sur l'Euphrate, le trajet paraît interminable dans le long navire plat. Dans chaque port, pour payer leur voyage, Penou et Tétiki aident à charger et décharger les marchandises et attendent la fin des bavardes palabres entre acheteurs et vendeurs. La beauté des rives de l'Euphrate, les peupliers qui font chanter le vent, les vastes palmeraies entourées par des murs, les jardins d'oliviers aux reflets argentés ne suffisent pas à calmer leur impatience.

« Non seulement ce fleuve coule à l'envers[1], mais il ne cesse de faire des virages qui rallongent le trajet ! » grogne Tétiki.

Enfin, au milieu d'une chaude journée de printemps, apparaissent de hauts remparts de brique sur la rive gauche du fleuve.

« Vous êtes arrivés ! leur crie le capitaine. Nous sommes à Babylone. »

---

1. L'Euphrate coule du nord vers le sud, alors que le Nil coule du sud vers le nord.

Le chef du port, accompagné d'un scribe, monte aussitôt dans le bateau pour compter les sacs de cuivre, d'étain, d'arsenic, de laine et les lourdes pierres pour fabriquer les meules à grain. Il note tous les produits débarqués et le chef du port perçoit les taxes. Penou et Tétiki aident de leur mieux. En leur disant adieu le capitaine leur offre un sac d'orge, une amphore d'huile d'olive, et une mine[1] de laine.

Au pied des remparts, le port s'étire en longueur. Il y règne une extraordinaire animation : les Babyloniens, torse nu, au pagne prolongé par des glands, apportent ou emportent minerais, bois, vins, armes, céréales, laine, tissus, chevaux, vaches, canards.

D'autres, en robe, discutent, pèsent, surveillent.

« Nous trouverons bien du lapis-lazuli parmi tous ces produits », affirme joyeusement Penou.

Mais les deux amis ont beau arpenter le quai, ils ne trouvent aucune pierre précieuse.

« Allons d'abord chez Dagan-Malik, conclut Tétiki. Il nous aidera. »

Au pied du rempart, sur le toit en terrasse d'une maison, une femme, assise sur un tabouret, la tête éventée par un porte-éventail, scrute également le quai encombré.

Lorsqu'elle voit apparaître un singe sur l'épaule

---

1. Une mine représente 505 grammes.

d'un garçon, elle se retourne vers deux hommes qui se tiennent debout derrière elle et ordonne d'un geste du doigt :

« Suivez-les. »

« Je me réjouis beaucoup, beaucoup de vous voir, dit un petit homme corpulent, aux yeux vifs dans un visage expressif. Je vous attendais depuis quelque temps déjà. Les amis d'Artatama me sont chers. C'est toujours un honneur que de recevoir des voyageurs égyptiens. Entrez donc ! Installez-vous !

— Nous sommes venus à Babylone... »

Dagan-Malik interrompt Tétiki :

« Prenez d'abord vos aises ! Nous parlerons tout à l'heure ! Vous n'avez pas de bagages ! Dieu soit loué de me donner le plaisir de vous offrir des vêtements. Suivez-moi. Là-bas, il y a votre chambre. Montez, c'est au premier étage.

— Penses-tu qu'à Babylone nous puissions trouver...

— Vous avez raison d'être venus ici, on trouve tout à Babylone. Je vous avoue que je ne serais plus capable de mener la vie éprouvante du nomade. Je me suis habitué au confort. Ici, c'est une salle des

bains : le sol est imperméable[1], je vous ai mis du savon et du parfum. Là sont les aisances, avec le tout-à-l'égout. Approchez-vous encore, encore.

— Nous cherchons...

— Posez-vous confortablement ! Prenez un bain, habillez-vous, et retrouvez-moi dans la salle de réception au rez-de-chaussée. Quand il fait très

1. On imperméabilisait le sol avec du bitume. Le bitume, sous forme d'épais liquide poisseux, sourdait par des fentes dans le lit de l'Euphrate, dans la région de Hit, et près de Kirkouk. Il est utilisé dès le Néolithique pour la construction et les bateaux. L'Égypte en importait pour la momification.

chaud, je reçois au sous-sol. J'y dors même ! Au plus fort de l'été, la canicule à Babylone est épuisante. Surtout, prenez votre temps. J'espère que tout ira très, très bien. »

Une heure plus tard, lavés, parfumés, vêtus de robes neuves, les deux amis s'installent sur des coussins devant Dagan-Malik, assis les mains croisées sur son gros ventre. La pièce, comme toute la maison, est blanchie à la chaux et le sol dallé de carreaux de plâtre, tandis que d'épais tapis de laine apportent des notes de couleur. Une servante propose des dattes, des olives, des figues et de la bière.

« Mes amis, dites-moi comment se porte Artatama.

— Très bien.

— Tant mieux, tant mieux. Artatama est le meilleur chef que je connaisse. Maintenant, en quoi puis-je vous être utile ?

— Nous devons acheter du lapis-lazuli pour Pharaon. Le Seigneur des Deux Pays veut offrir à son père, le dieu Amon, une barque magnifique pour le remercier de soutenir la force de son bras et lui avoir donné la victoire. »

Dagan-Malik regarde ses deux invités avec stupeur.

« Je comprends, je comprends très bien. Vous attendez sans doute un prochain bateau ? »

Devant l'air ahuri de ses interlocuteurs, il précise :

« Un bateau qui apportera du bétail, des céréales, de l'étain, du cuivre, enfin de quoi payer la pierre bleue.

— Nous n'attendons rien, avoue Tétiki rapidement. Justement, nous avons besoin de tes conseils. »

Dagan-Malik pousse un gros soupir.

« Mes conseils ! Hélas ! À Babylone, comme dans le monde entier, il n'y a qu'une seule et même solution : celui qui n'a pas d'argent doit emprunter. »

Et il triture de sa main droite le sceau-cylindre accroché à son cou, représentant un lion attaquant une vache entre deux palmiers. Après un deuxième soupir, il ajoute :

« Puisque vous êtes des amis, je vous aiderai. Nous irons demain au port discuter avec un prêteur. Sachez-le : ce ne sera pas facile, pas facile du tout. »

Le jour se lève à peine que déjà marchands et marins déambulent, parlent, se disputent, donnent des ordres, pèsent et paient sur les bords de l'Euphrate. Devant la maison du prêteur, qui donne sur le quai, une vingtaine d'hommes et de femmes attendent en file. Dagan-Malik passe devant eux avec autorité en déclarant :

« Je suis un ami. »

Le bureau est blanc, le sol de terre battue, et des tablettes d'argile sont entassées dans toute la pièce : rangées dans des coffres, déposées dans des jarres, empilées sur le sol. Un scribe, assis sur une petite plate-forme de pierre, grave avec un roseau taillé en biseau une tablette vierge et humide. Son écriture ressemble à des clous[1]. Le prêteur, mince, presque maigre, le regard aigu et méfiant, assis derrière une large pierre où traînent quelques bijoux laissés en gage, salue Dagan-Malik de la tête.

« Que le jour te soit heureux ! déclare ce dernier. Mon ami, mon frère, je viens te voir pour une affaire unique, exceptionnellement exceptionnelle. Ce garçon qui m'accompagne est un jeune Égyptien, un messager royal. Il vit dans l'intimité du grand pharaon d'Égypte. »

Le prêteur fait un petit sourire de satisfaction.

« C'est un honneur pour ma maison de travailler avec le riche pays de la terre noire. Que veut-il ?

— Que tu lui prêtes de l'argent.

1. Écriture cunéiforme. Cette écriture comprend des signes en forme de clous, dus à l'évasement du roseau pénétrant dans l'argile.

— Je m'en doute, dit le prêteur d'un air amusé. Combien lui faut-il et pour quelle raison ?

— Il lui faut... il lui faut... plus ou moins... un talent[1] d'argent.

— Un talent d'argent !

— Prêter un talent d'argent à Pharaon, c'est comme prêter un dixième de mine à un paysan.

— Certes, certes, mais ce garçon n'est pas Pharaon.

— Il en est le messager royal. Et je ne t'ai pas encore dit l'usage de ce petit, de ce modeste prêt. Il s'agit d'acheter du lapis-lazuli pour la barque sacrée du grand dieu égyptien, Amon. C'est ce dieu qui protège son fils, Pharaon, et lui donne la vaillance et la gloire. »

Devant l'air réticent du prêteur, il ajoute :

« Le dieu Amon protège aussi tous les amis du roi d'Égypte. Sa puissance s'étend jusqu'aux extrémités de la terre. Tu recevras comme récompense trois fois, quatre fois, dix fois ce que tu as prêté. J'ajoute... j'ajoute... que c'est pour toi une occasion rare, unique, je te le redis, exceptionnelle, d'être banquier pour le pharaon. »

Et, triturant son sceau-cylindre, il conclut :

« Je serai moi-même le témoin de ce prêt ou plutôt de cette bonne affaire. »

1. Un talent vaut approximativement 30 kilos, ou 60 mines.

Le prêteur, hésite, puis finit par répondre :

« Laisse-moi réfléchir. La confiance du roi d'Égypte serait un grand privilège. Mais si la pierre bleue est volée sur le chemin du retour ? Si Pharaon se conduit avec ingratitude et ne me rembourse rien, j'aurai perdu un talent d'argent ! Te rends-tu compte ? Un talent d'argent !

— N'y pense plus, déclare Dagan-Malik, d'un air faussement indifférent. Je ne veux pas te donner d'inutiles soucis. Je trouverai facilement un autre prêteur qui sera enthousiasmé par cette proposition.

— Mais ne te fâche pas ! Je n'ai pas refusé ! Je demande simplement à réfléchir. Reviens demain matin et tu auras ma réponse. »

En l'absence de Tétiki, Penou explore la ville. Quel beau jour ! Quel bonheur ! Enfin le bruit, la foule, les parfums et les ordures, les belles maisons blanches et les ruelles fétides, les cris, les rires, les colères. Quelle ville immense que la capitale de la Babylonie ! Partout des échoppes, des maisons de bière, des artisans au travail, des chars qui effraient les passants, des porteurs d'eau, et cette haute tour[1]

1. La tour de Babylone est évoquée dans la Bible (Genèse) sous le nom de tour de Babel.

qui dresse vers le ciel sept terrasses surmontées d'un petit temple.

Assoiffé par sa longue déambulation, il entre dans la maison de bière.

« Bienvenue en prospérité et santé, petit homme. Que veux-tu ? demande une femme.

— Un bol de bière, je te prie. »

Et il lui tend une demi-mine de laine pour payer. La femme, au large visage souriant, qui voit pour la première fois un nain de Nubie, rit et lui donne une cruche tout entière, que Penou, assoiffé, boit jusqu'à la dernière goutte. Puis, légèrement éméché, il se dirige vers le jardin de la maison où une joueuse de luth et un tambour font de la musique. Quelle ivresse d'entendre à nouveau de la musique ! De joie, Penou tourne, pirouette, saute, rampe, et s'élève comme le soleil sortant de l'œuf ballotté par la mer. Les badauds venus l'admirer le félicitent chaleureusement, mais Penou lève vers eux un visage couvert de larmes.

« Qu'est-ce qui te chagrine ? demande la femme. Tout le monde ici est heureux de te voir.

— Je pense à Rouddidite, avec qui je dansais !

— Le malheureux ! Il a le cœur brisé. Tiens, voilà une autre cruche de bière. »

Pendant que Penou boit et pleure en même temps, un homme vêtu d'un pagne aux franges multicolores, aux magnifiques cheveux blancs retenus par un serre-tête brodé, s'approche de lui.

« Un personnage important souhaitera bientôt ta visite. Dis-moi où tu demeures.

— J'habite chez Dagan-Malik, près du port.

— Je connais Dagan-Malik, qui est un négociant avisé. Tiens-toi prêt. »

9

La caravane de Bactriane

Le prêteur travaille tard dans la nuit. Il réfléchit aux avantages et aux inconvénients d'avancer de l'argent à Tétiki. Certes, si Pharaon lui est reconnaissant, il pourrait devenir un partenaire financier pour les transactions commerciales avec l'Égypte. En prêtant l'argent au taux habituel de vingt pour cent, il ferait vite fortune. Mais l'entreprise est hasardeuse et risquée. S'il perdait tout ! Et il se replonge dans ses calculs.

De légers coups retentissent à sa porte. Le prêteur va ouvrir.

« Tu ne me connais pas, dit une femme à la tête

recouverte d'un long châle pourpre qui descend jusqu'au bas de sa robe. Mais j'ai à te transmettre un message d'importance... un message qui vient du ciel.

— Entre, dit le prêteur, inquiet. Et assieds-toi. »

La femme le transperce du regard.

« C'est bien de toi dont j'ai rêvé cette nuit, Warad-Sîn. Tu étais assis sur une colline d'or, d'argent et de turquoise. Soudain cette colline s'est enfoncée dans le sol si profondément qu'on ne voyait plus que ta tête qui sortait de la terre. Ta tête vivante qui criait : "Au voleur ! Au voleur !" »

Le prêteur l'écoute, les yeux écarquillés par la peur.

« Au petit matin, continue la femme, je suis allée consulter un devin et lui ai raconté mon rêve pour savoir s'il s'agissait d'un avertissement du ciel. Le devin devait tuer un mouton ce matin-là. Et la vésicule biliaire de ce mouton avait la forme... »

La femme se tait et prend un air consterné.

« Quelle forme ? implore Warad-Sîn.

— ... la forme d'une queue de scorpion. »

Le prêteur pâlit. Makaré ajoute :

« Alors j'ai pensé que peut-être tu allais accomplir un acte grave et qu'il serait bon de te prévenir. Certainement les dieux veulent te protéger d'un danger. »

Un profond soupir de soulagement soulève la maigre poitrine du prêteur.

« Bénis soient ceux qui, comme toi, ont le cœur bienveillant. Que puis-je te donner pour te remercier ?

— Ces boucles d'oreilles en or décorées de turquoises que j'aperçois devant toi. »

Le prêteur regarde les boucles d'oreilles avec regret.

« Je vois que tu es une grande connaisseuse dans l'art des joailliers.

— J'ai des yeux pour voir et des oreilles pour entendre.

— De quelle ville viens-tu ?

— Je voyage beaucoup d'Égypte au pays de Djahi[1], pour transmettre aux hommes les désirs des dieux. Il est exceptionnel que je passe par l'Euphrate. Ainsi nous ne nous reverrons plus. »

La femme se lève et sort sans ajouter un mot. Dès qu'elle se retrouve seule sur le quai désert, Makaré enlève son grand châle et accroche les boucles à ses oreilles.

1. Djahi : nom employé à l'époque pour la Phénicie, région de ports parmi lesquels Tyr, Sidon, Byblos, Ougarit, qui étaient tous des cités-États.

Le lendemain matin, Dagan-Malik, soucieux, entre dans la chambre des deux amis. Penou dort encore et Tétiki fait son lit en roulant son matelas derrière une tenture.

« Warad-Sîn refuse de te prêter l'argent, annonce Dagan-Malik.

— Il refuse ! Pourquoi ? Il semblait disposé à m'aider.

— Il m'a raconté une histoire de vésicule biliaire, de queue de scorpion et d'une femme qui avait fait un rêve épouvantable.

— Une femme ?

— Très belle, paraît-il, et qui a des yeux pour voir et des oreilles pour entendre.

— Nous sommes dans de la crotte d'hippopotame ! constate Tétiki. Makaré nous a poursuivis jusqu'ici !

— Qui est Makaré ? demande Dagan-Malik.

— Une détestable créature de Seth[1].

— Makaré ! s'écrie Penou que ce nom arrache au sommeil. C'est elle, certainement, qui a envoyé l'homme aux cheveux blancs.

— De qui, de quoi parles-tu ?

— D'un homme qui me trouve admirable et viendra ici pour m'emmener chez un personnage important.

1. Le dieu Seth est le dieu protecteur des Hyksos.

— C'est certainement une nouvelle ruse de Makaré, conclut Tétiki. Surtout n'y va pas et ne sors plus de la maison.

— Je lui ai dit que j'habitais ici, avoue Penou piteusement. Que ferons-nous quand il arrivera ?

— Nous dirons que tu as quitté Babylone, que tu es parti, déclare Dagan-Malik.

— Tu te cacheras dans un coffre, précise Tétiki.

— Enfermé dans le noir ? » s'alarme Penou en cherchant vainement ses amulettes.

Dissimulés derrière une tenture, les deux amis attendent l'inquiétant visiteur, tendant l'oreille au moindre bruit. Ils sont nombreux à venir solliciter Dagan-Malik, prendre des nouvelles, apporter des messages, passer des commandes de tissu, de grain, d'outils de bronze, que le scribe inscrit sur des tablettes d'argile. À chaque visite Penou sursaute, Tétiki jette un coup d'œil sur le nouvel arrivant et le rassure.

Au milieu de l'après-midi arrive l'homme aux cheveux blancs. Il laisse son char devant la porte, ainsi que deux gardes portant sabre à la ceinture. Dagan-Malik, impressionné par ces signes de richesse, s'incline très bas.

« Sois le bienvenu dans mon humble demeure et daigne t'asseoir. Que puis-je te proposer pour te réjouir : des lainages d'Alep, qui sont d'une finesse remarquable, du lin léger comme du duvet, en provenance d'Égypte, du tissu floconneux filé dans la montagne, ou bien...

— Je viens chercher un nain aux cheveux crépus qui danse admirablement. »

Dagan-Malik, désireux de plaire à son honorable visiteur, avoue :

« Il est... C'est un honneur, un grand honneur pour ma maison d'héberger sous mon toit... »

Tétiki se précipite aussitôt dans la pièce et se plante devant le nouveau venu.

« Si tu viens de la part de Makaré, ce n'est pas la peine d'insister. Jamais nous ne te laisserons revoir mon ami. »

L'homme aux cheveux blancs, extrêmement surpris, demande :

« Mais qui est Makaré ? Et toi, qui es-tu ? Je ne comprends rien à tes paroles.

— Une espionne qui veut nous tuer. »

Le visiteur ne peut s'empêcher de rire.

« J'ignorais que vous étiez des personnages aussi recherchés. Soyez sans crainte. Je ne vous veux aucun mal. Je suis l'intendant des divertissements du grand roi de Babylone. Sa Majesté en ce moment s'ennuie. Elle est lasse des danses avec voiles de nos jeunes filles. Ton ami le divertira. Vous l'accompagnerez. Ainsi... »

L'homme rit à nouveau.

« ... ainsi vous le protégerez au cas où l'espionne apparaîtrait. »

C'est avec émotion que Penou, Tétiki, Didiphor et Dagan-Malik franchissent la porte monumentale qui les conduit à une première cour carrée où esclaves et serviteurs bavardent autour du puits central. La deuxième cour, éclatante de blancheur, est ombragée de palmiers. Enfin, ils accèdent à la salle du Trône, impressionnante de hauteur et de richesse : sur le sol, plusieurs épaisseurs de tapis ; sur les murs, de grandes tapisseries de couleur et des panneaux sculptés. Le trône de bois et d'ivoire est posé sur une estrade où le grand roi de Babylone, au serre-tête décoré de pierres précieuses, se tient assis sous un dais. À ses pieds, de nobles dames, de hauts fonctionnaires et de riches négociants, aux vêtements éclatants.

L'intendant des divertissements se glisse à travers la foule, se faufile sous l'escalier majestueux qui relie la salle du trône aux appartements royaux, et s'incline.

« Que le fils du soleil daigne prendre plaisir au spectacle que je lui propose. »

Dagan-Malik se prosterne à son tour :

« Ô grand roi, toi qui magnifies le nom de Babylone et apportes la paix et l'abondance aux gens de ce pays, toi qui contentes Marduk[1], je t'amène un nain de Nubie dont les danses réjouiront tes yeux et enchanteront ton esprit. »

Le grand roi acquiesce de la tête l'air las. Aussitôt une servante apporte des crotales et un sistre, les musiciennes jouent du luth et du tambourin. Penou est tellement heureux de se retrouver dans une atmosphère de fête, de sentir l'odeur des parfums de myrrhe et d'huile de cèdre, qu'il danse avec une gaieté, une légèreté, un entrain stupéfiants. Le grand roi sourit de satisfaction, et Didiphor donne le signal des applaudissements.

— Danse encore ! » ordonne le grand roi.

Dix fois de suite, le roi réclame une danse. Puis il se tourne vers l'intendant du trésor et lui murmure quelques mots inaudibles. L'intendant revient avec un grand collier d'argent, quatre bracelets assortis, et deux anneaux de cheville, que le roi jette aux pieds de Penou. Le brillant danseur s'empresse de

1. Marduk est le grand dieu des Babyloniens.

se parer de tous ces bijoux, fait quelques pirouettes en remerciement. Didiphor applaudit à nouveau, mais tout seul, car il n'est pas d'usage de manifester devant la générosité royale. Alors le roi se tourne vers le singe et déclare :

« Cet animal est amusant.

— Il est à toi, s'empresse de dire Dagan-Malik

— Es-tu fou ? » lui murmure Tétiki.

Une lueur d'amusement passe dans les yeux du roi. Dagan-Malik se prosterne.

« Réjouir ton cœur, fils du soleil, est le souhait le plus ardent de tous tes sujets. »

Le fils du soleil fait un petit geste de son long bâton de commandement, quatre esclaves se précipitent, saisissent Didiphor et le déposent dans une cage dorée.

La nuit est douce. Une brise fraîche agite les peupliers et les palmiers des nombreux jardins de la ville, mais Tétiki est furieux.

« Qu'est-ce qui t'a pris de donner mon singe ? Est-ce une coutume ici que d'offrir ce qui appartient aux autres ?

— Mon frère, dit Dagan-Malik, je me suis laissé emporter par le bonheur de plaire au roi. L'occasion de réjouir Sa Majesté m'est apparue comme une chance envoyée par les dieux. Si j'obtenais une part des achats de tissus et de vêtements du palais, mon commerce serait florissant.

— La richesse ne vaut pas l'affection de Didiphor.

— Ne te désole pas. Le roi se lassera vite de ton singe, comme de toutes choses. Il le confiera à quelqu'un de son entourage, à qui je le rachèterai.

— Le roi ne se lassera jamais de Didiphor ! Un animal si intelligent, si attentif, si prévoyant, si affectueux ! Tu t'es conduit comme un imbécile ! » s'énerve Tétiki.

Et se tournant vers Penou :

« Et puis toi, arrête de faire tout ce bruit avec tes colliers et tes bracelets. D'ailleurs donne-les-moi.

— Tous ?

— Oui, tous. Ils serviront à acheter le lapis-lazuli. »

Penou, tristement, enlève ses bijoux, les uns après les autres, et murmure :

« Sans amulettes et sans bijoux, je suis nu comme un bébé à la naissance. »

Babylone s'éveille lorsque Dagan-Malik et ses

deux compagnons traversent la ville vers l'est. Dagan-Malik tire un âne chargé d'objets hétéroclites : vases d'albâtre, armes, tissus fins, statuettes. Dans le silence du petit matin résonnent des bruits métalliques, car déjà les artisans du bronze fondent le cuivre et l'étain pour verser leur mélange dans d'épais moules de pierre. Les porteurs d'eau chantonnent et les oiseaux pépient pour saluer la lumière. Dagan-Malik, afin de faire oublier la soirée chez le roi, ne cesse de parler :

« Les caravaniers viennent de très loin, de Bactriane[1], du bout du monde. Les rochers où l'on trouve la pierre bleue sont tout en haut d'une montagne presque tout le temps couverte de neige. On ne peut les atteindre qu'en été. Et avec de grandes difficultés. On ne trouve de la pierre bleue nulle part ailleurs. »

Mais ses compagnons ne l'écoutent pas, absorbés par leurs préoccupations. Auront-ils assez d'argent pour payer la pierre bleue ? Retrouveront-ils Didiphor ?

Dans un caravansérail, près de la porte du Soleil levant, beaucoup de marchands attendent déjà l'arrivée des produits lointains.

« Ils arrivent ! Ils arrivent ! » crie en courant un petit garçon tout essoufflé.

---

1. De nos jours encore, on extrait dans ce site du lapis-lazuli.

Bientôt surgissent une centaine d'ânes, lourdement chargés, conduits par des hommes couverts de poussière, pieds nus et vêtus d'une tunique en tissu grossier. Marchands et badauds se précipitent autour d'eux. Dagan-Malik, en habitué des lieux, rejoint le chef de la caravane.

« As-tu du lapis-lazuli pour le grand pharaon d'Égypte ? »

Le chef de la caravane jette un bref coup d'œil sur Tétiki et Penou, va murmurer quelques mots à un caravanier qui, aussitôt, conduit son âne au fond de la cour, là où de petites et de grandes balances sont alignées. Puis il décharge un gros sac qu'il met sur la balance.

« Un talent et dix mines », dit-il.

Dagan-Malik ouvre le sac, vérifie qu'il contient bien un gros bloc de pierre bleue et des morceaux plus petits. Puis il place dans une petite balance le grand collier d'argent. Le caravanier refuse de la tête. Dagan-Malik rajoute un bracelet, puis deux, puis six.

« Je n'ai plus rien, avoue-t-il à la fin.

— Ce n'est pas assez, décide le caravanier d'un ton rude.

— Attends un moment ! »

Dagan-Malik va chercher son âne et propose :

« J'ai de beaux tissus de Byblos, regarde ! »

Le caravanier refuse en hochant la tête.

« Une faucille en bronze, très solide. Ce n'est pas comme le cuivre, qui se tord facilement. »

Le caravanier refuse encore.

« Un objet très précieux, qui vaut plus que l'or et même que l'argent : une épée en fer ! As-tu déjà vu du fer[1] ? »

Le caravanier s'empare de l'épée, tâte le tranchant et paraît l'apprécier. Un vague sourire éclaire son rude visage. À ce moment-là, un petit garçon vient le tirer par la main, et l'entraîne dans la foule.

« Pourquoi part-il ? s'inquiète Tétiki.

— Pour une autre affaire, certainement. Mais il va accepter. Une épée en fer est rarissime. »

L'absence du caravanier paraît interminable aux deux amis. Enfin il revient, avec une expression butée.

« C'est ce petit tout noir que je veux. Sinon, je ne vends pas la pierre bleue.

— Tu veux Penou ! s'exclame Tétiki, horrifié.

— Je le ramènerai dans un an. Dans mon pays, il amusera beaucoup.

— Qui t'a donné cette idée absurde ? s'indigne Dagan-Malik.

— Il me plaît », se contente de répondre le caravanier.

---

1. La métallurgie du fer s'est généralisée seulement au XIIIe siècle avant J.-C.

Abasourdis, Penou et Tétiki s'éloignent pour parler à voix basse :

« Je ne peux pas te demander un tel sacrifice, Penou. J'en souffrirais tous les jours et toutes les nuits, et je ne m'en consolerais jamais.

— Tu souffriras davantage si tu ne retrouves pas l'amitié de Pharaon. Alors, certains jours, tu me détesteras. »

Puis, se parlant à lui-même, il ajoute :

« Voilà le malheur qu'Hathor m'a annoncé en me rejetant loin de ses mamelles. Là-bas je m'enfuirai dans la montagne, là où la terre est blanche, jusqu'à ce que je me transforme en nain de neige.

— Laisse-moi un moment méditer avec mon cœur », soupire Tétiki.

Il sort du caravansérail, s'éloigne, s'assied par terre en croisant les jambes, dessine un sycomore et dit :

« Ô mon ka, toi qui es dans mon corps pour diriger mes actes et inspirer mes paroles, fais que j'agisse conformément à la justice de la déesse Maât. »

Mais Tétiki est trop affolé par la décision à prendre. Réflexions et émotions se bousculent dans un douloureux désordre et il est incapable de distinguer une réponse du ka.

« Le ka ne m'a rien dit, avoue-t-il à Penou. Et... »

Tétiki a la gorge si nouée qu'il ne peut plus proférer une parole.

« Mon ka me dit de partir avec la caravane, déclare Penou. Tu diras à ton père, à Nofret, à Pharaon...

— Partons ensemble ! interrompt Dagan-Malik. Nous chercherons ailleurs la pierre bleue ! »

Sans l'écouter, Penou serre dans ses bras Tétiki et rejoint le caravanier. Un scribe inscrit la vente sur une tablette. Le caravanier signe en imprimant sa marque.

« Quel prix réclames-tu pour être témoin ? demande le scribe à Dagan-Malik.

— Rien », répond-il d'une voix triste, en roulant son sceau-cylindre sur la tablette.

Alors le caravanier attache avec une corde la main droite de Penou et s'éloigne. Le nain essaie de sourire bravement, Tétiki de retenir ses larmes. Il suit des yeux son ami jusqu'à ce qu'il disparaisse dans le brouhaha du caravansérail.

« Tu peux pleurer, maintenant, lui dit Dagan-Malik. Je te comprends. »

Alors s'élève près d'eux une belle voix chaude et rocailleuse :

« Je t'avais dit de rester à Éléphantine, déclare Makaré. Ce caravanier m'a coûté cher. Il avait peur du nain et n'en voulait pas. Je pense qu'il le tuera rapidement pour s'en débarrasser. »

10

Rouddidite s'obstine

Sur son lit de repos, la reine, au fin visage de chatte, sourit en apercevant Didiphor qu'un serviteur apporte dans sa cage. Le singe roule des yeux furibonds et secoue frénétiquement les barreaux de sa prison. Autour de lui, les enfants, les servantes, les concubines poussent des cris de surprise et d'effroi.

« Qu'il est amusant ! s'exclame un enfant. Restera-t-il avec nous ?

— Oui, le roi s'est lassé de ses cris. Fermez la porte de la salle et laissez l'animal sortir de sa cage », ordonne la reine.

Aussitôt Didiphor bondit de trépied en tabouret,

de tabouret en tenture jusqu'aux fenêtres à claire-voie à travers lesquelles il essaie de se faufiler. Il engage d'abord ses pattes, puis sa tête, puis sa queue, sans arriver à se glisser tout entier par les étroites ouvertures. Les dames de la maison des femmes se moquent de ses tentatives pour s'enfuir. Rendu furieux par son échec, Didiphor montre les dents, dresse sa queue de colère et bondit sur la tête d'une servante pour lui tirer les cheveux. Puis il arrache les boucles d'oreilles d'une concubine, le collier d'une autre, et finit par se cacher sous la robe de la reine, qui pousse un cri d'effroi.

« Cet animal est trop dangereux, conclut-elle immédiatement. Remettez-le dans sa cage. »

Bientôt les servantes apportent des fruits et de nombreux gâteaux. Les femmes dévorent les friandises avec gourmandise, reprennent leur bavardage et oublient Didiphor.

Seule une petite princesse, âgée de sept ans, vêtue d'une longue robe dorée garnie de franges et d'une ceinture rose, s'approche de la cage. Le singe la supplie d'un regard si pathétique que la petite princesse en est toute chavirée.

« Écoute-moi bien, petit animal. Tu vas te poser sagement sur mon épaule. Je resterai près de la porte et, dès qu'elle s'ouvrira, tu partiras. »

Didiphor cligne des yeux pour donner son assentiment. La petite princesse ouvre la cage et Didiphor s'installe près de son charmant visage. À peine la porte s'entrouvre-t-elle qu'il détale à la vitesse d'un faucon fonçant sur sa proie.

« Rattrapez-le ! ordonne la reine.

— Rattrapez-le ! répète-t-on dans le vestibule du premier étage.

— Rattrapez le singe ! » reprend-on dans les cours du rez-de-chaussée.

Mais il y a tellement de serviteurs, gardes, marchands, porteurs d'eau, commerçants, artisans qui s'affairent dans le palais que Didiphor n'a aucun mal à se faufiler entre les jambes des uns et les robes des autres. Dès qu'il a franchi la porte monumentale, il tourne dans une large rue pavée et s'engouffre sous le premier porche rencontré. Hélas ! le porche ne donne pas sur une maison remplie de coins d'ombre où il serait aisé de se dissimuler, mais sur la grande cour du temple de Marduk. Les prêtres, les esclaves du temple, les femmes dévouées au service divin s'indignent de la présence irrespectueuse de l'animal dans l'enceinte sacrée. Les uns le harcèlent de leurs cris, les autres de leur bâton. Pour échapper à ses poursuivants et ne pas se retrouver prisonnier, Didiphor se précipite vers la ziggourat, la haute tour de brique qui monte vers le ciel. Prestement, il saute sur les marches des escaliers et grimpe de terrasse en terrasse, jusqu'à la septième où se dresse un petit temple du dieu.

Au pied de la ziggourat, la foule grossit et gronde en observant la minuscule silhouette, qui s'agite en tous sens, ahurie de se retrouver à cette hauteur considérable. Soudain un prêtre s'écrie :

« Empêchez-le d'entrer dans le temple et de le profaner ! »

Du sol et des murs d'enceinte, les archers lancent leurs flèches vers la septième terrasse. Terrifié par leur sifflement, Didiphor s'affole et court autour du temple, cherchant un chemin pour s'évader. Soudain, un murmure confus parcourt l'enceinte sacrée. Les archers rangent leur arc, l'assistance se tait, les oiseaux reprennent leurs chants. Tous s'inclinent car la petite princesse s'avance vers la ziggourat. Qu'elle est jolie, la frêle silhouette rose et dorée, qui monte vaillamment les escaliers aux hautes marches de brique ! Qu'elle est émouvante, la petite princesse, qui paraît de plus en plus menue à chaque plateforme !

Arrivée devant le petit temple, elle prend Didiphor dans ses bras, le caresse et lui parle doucement :

« Ne crains rien. J'interdirai qu'on te mette dans une cage. »

Didiphor lui jette des regards incrédules.

« Tu n’as pas le choix, petit singe. Tu dois me faire confiance, sinon on te tuera. »

Et elle entame la descente.

Dans la grande cour, Dagan-Malik bouscule les spectateurs, qui, le nez en l’air, suivent des yeux Didiphor et la princesse.

« Laissez-moi passer ! Laissez-moi passer ! Mais laissez-moi passer ! » réclame-t-il d’un ton exaspéré.

Poussant les uns et les autres, il arrive au pied de la ziggourat en même temps que la petite princesse et chuchote :

« C'est moi qui ai donné ce singe au roi. Veux-tu que je le reprenne ? »

Sans attendre la réponse, Didiphor bondit dans les bras du marchand, qui le jette dans un sac en grommelant :

« On t'a suffisamment vu pour aujourd'hui. »

Dix femmes et vingt gardes entourent la petite fille pour la dissimuler aux regards et aux gestes de la foule. Et pendant qu'on cherche le singe coupable, Dagan-Malik sort d'un pas pressé de la maison du dieu.

« Pauvre de moi ! songe-t-il. J'ai voulu faire plaisir au roi en lui offrant le bien d'un ami et j'en suis cruellement puni. Pourvu que le fils du soleil ne m'accable pas de sa colère. Ô grand dieu par qui tout arrive, protégez votre pauvre serviteur. »

Dans le quartier élégant de Babylone, sur la terrasse du premier étage de sa maison, Makaré profite de la fraîcheur du vent du nord.

« Ces imbéciles d'archers n'ont même pas réussi à tuer ce stupide singe ! Enfin, poursuit-elle en se retournant, le nain s'en va aux frontières du monde habité ! En voilà un que nous ne reverrons plus. »

Rouddidite sursaute et demande d'un ton faussement insouciant :

« Où va-t-il ?

— Il part demain avec la caravane de l'est. »

Puis rentrant dans la pièce, elle dit à sa fille d'un ton sec :

« Enfin, vas-tu me dire pourquoi tu t'es enfuie secrètement de Byblos et pourquoi je te retrouve à Babylone en train de danser dans un cabaret pour gagner ta vie ? As-tu perdu la tête ? Es-tu devenue complètement folle ? »

Fronçant ses beaux sourcils, elle ajoute :

« Qu'as-tu ? Tu pleures ?

— Rien, juste une poussière dans l'œil.

— Arrête de te frotter les yeux. Maintenant tu es affreuse avec tes paupières rougies et gonflées. Juste le jour où je dois me présenter au grand roi pour offrir les cadeaux du prince. Je n'emmènerai pas au palais une enfant défigurée. »

Et, d'un ton excédé, elle ajoute :

« Qu'ai-je fait aux dieux pour avoir une fille qui me désobéit sans cesse et m'échappe comme un poisson du Nil ? Un jour je te fendrai le cœur pour savoir ce que tu y caches ! Alors tu regretteras tes insolences et tes secrets. »

Après un lourd soupir, elle ajoute :

« Appelle la servante. J'ai besoin de prendre un bain. »

Rouddidite remplit un sac de laine de toutes sortes d'objets susceptibles d'être utiles : écharpes, couteau, poignard, et sort dans la ville à la recherche de Penou. Il fait terriblement chaud ce soir-là. Un vent brûlant, venu des hauts plateaux qui bordent le fleuve, dessèche l'air et soulève la poussière. En quête de fraîcheur, les Babyloniens se répandent sur les deux bords de l'Euphrate pour nager et faire des promenades en barque. Rouddidite explore les rives, puis les maisons de bière jusqu'à ce qu'elle rencontre les caravaniers qui fêtent leur dernière soirée à Babylone. À moitié ivres de bière et de vin, ils chantent à tue-tête des mélopées de leur pays, au milieu de citadins émus par leurs belles voix graves. Mais Penou n'est pas avec eux.

Alarmée, Rouddidite court vers le caravansérail. La nuit est tombée, une nuit claire de pleine lune. Devant la porte fermée avec un énorme verrou, un unique surveillant monte la garde, à côté d'une amphore de bière. Il en boit une nouvelle goulée et s'allonge sur le sol, en parlant tout seul :

« La lune est toute ronde, ronde, ronde comme

un derrière, ronde comme un soleil, ronde comme... »

Rouddidite s'approche à pas lents, s'accroupit derrière la tête du gardien et lui pose son écharpe sur les yeux.

« Qui suis-je ? » dit-elle de sa voix la plus charmeuse.

L'homme, à moitié endormi, prononce les noms de sœurs ou d'amies.

« Ama-gina ?

— Non.

— Inbatu ? ... Agdu-duri ?

— Non. Tu ne reconnais pas la voix d'une déesse ?

— Ta voix, effectivement, est céleste. Qui es-tu ? Me veux-tu du bien ou du mal ?

— Je suis la déesse Ishtar[1] et je te veux du bien. Mais tu n'as pas le droit de me regarder, sinon tu mourras. »

L'homme se met à trembler et la déesse le rassure.

« Par prudence je vais cacher ton visage. Ainsi tu ne risqueras plus de m'apercevoir. »

Rouddidite prend le sac de laine et le glisse sur le visage du gardien. Puis avec une longue écharpe, elle lui entoure la tête, comme celle d'une momie.

---

1. Ishtar : déesse de la Fécondité et des Combats.

Enfin elle attache les mains de l'homme dans son dos.

« Que fais-tu ? s'inquiète le gardien.

— Je te voile les yeux.

— Je n'y vois plus rien ! Arrête, ô grande déesse. Tu me fais peur.

— Je partirai bientôt. Attends-moi un petit moment. »

Rouddidite tire le verrou de la porte du caravansérail et pénètre dans la cour. À gauche se trouvent les écuries et les étables, au fond les marchandises, à droite les chambres des caravaniers. La jeune fille ouvre les portes, explore les étroites cellules : elles sont toutes vides.

Rouddidite sombre dans le désespoir. Si elle ne découvre pas Penou cette nuit même, il partira demain, pour toujours, dans un pays si lointain qu'aucun Égyptien, aucun Babylonien ne l'a visité. Elle sera alors condamnée au malheur, puisque seul le bonheur d'amour peut guérir le chagrin d'amour. En perdant l'espoir, Rouddidite perd sa bravoure. Toute l'énergie qu'elle a dépensée pour quitter l'Égypte, cheminer en caravane, affronter sa mère à Byblos, survivre à Babylone, se transforme en un immense découragement. Elle ne sait plus que tenter pour retrouver son bien-aimé. Indécise, elle parcourt d'un pas traînant la grande cour, lorsqu'elle entend un braiment intempestif. En s'approchant de l'âne, elle entend :

« Cesse de ruer, misérable, ou je te bats la croupe comme papyrus. »

Rouddidite rit et pleure en même temps en découvrant Penou, attaché à une patte de l'animal, qui frappe l'âne de ses poings, tandis que celui-ci, fort courroucé, rue de plus belle.

« Rouddidite, murmure Penou, à moitié content, à moitié effrayé. Que viens-tu faire ici ? »

La jeune fille s'empresse de le détacher en murmurant :

« Crois ce qu'il te plaît. Pour le moment je te délivre d'une bête en colère. »

Tous deux sortent en courant, croisent le gardien qui se débat en vain.

« Tu es un niais, un sot, un imbécile pour croire que la déesse Ishtar s'intéresse à toi. Prie et demande aux dieux tout-puissants de pardonner ton stupide orgueil », lui crie Rouddidite.

Les deux jeunes gens sautent le petit mur d'une vaste palmeraie et se laissent tomber au pied d'un arbre.

« Ici, nous ne craignons rien », affirme Rouddidite haletante.

Penou lui jette des coups d'œil inquiets et garde le silence.

« Ne te méfie plus de moi, implore Rouddidite. Depuis ton départ de Thèbes, je me suis aperçue que je ne peux vivre sans toi. Je t'ai cherché partout.

— Tu t'es cruellement moquée de moi à Thèbes. J'ai failli étouffer de douleur.

— Et moi je serais morte de chagrin si les caravaniers t'avaient emmené au bout du monde. »

Penou se tait un moment, tandis qu'il sent la

flamme d'amour brûler dans sa poitrine. Pourtant, il doute encore.

« J'hésite à te croire. Tu es la fille de Makaré et tu veux l'aider dans sa vengeance.

— Je ne veux pas venger ma mère. Mais pourquoi avez-vous été si cruels avec elle ? Pourquoi l'avoir fait arrêter avec Antef, en les accusant injustement d'avoir voulu piller une tombe ? »

Penou s'emporte d'indignation :

« Tout cela n'est que menterie et tromperie. Ce sont eux qui ont fait emprisonner Tétiki, eux qui ont presque fait mourir de faim Ramose, eux qui voulaient dérober les trésors de la tombe de Taa. Ta mère est une espionne hyksos.

— Que me racontes-tu là ?

— La vérité. »

Rouddidite se tait, troublée.

« Je l'ignorais », finit-elle par dire.

Penou n'ose encore croire et espérer. Prudemment, il remarque :

« Tu sais très bien mentir, comme ta mère. »

À son tour, Rouddidite s'indigne :

« Je te suis partout chez les Asiatiques ! Je te délivre ! Je te sauve la vie ! Que dois-je faire encore pour que tu aies confiance en moi ? »

Après un long moment de silence, elle demande tristement :

« N'entends-tu pas ce que je te dis ? Pourquoi donc ne réponds-tu pas ? Veux-tu me briser le cœur ? »

Alors Penou cesse de lutter contre son amour. Il respire l'odeur de Rouddidite sur le cou, sur les joues, sur la bouche de la jeune fille, en bafouillant :

« Ton amour pénètre tout mon corps, j'éclate de bonheur, j'exulte de joie. À Thèbes, nous nous marierons. »

Rouddidite murmure :

« À Thèbes ?

— Oui. À Thèbes ! Pourquoi ? Tu préfères Éléphantine ?

— Pharaon ne vous laissera pas retourner en Égypte. Vous êtes interdits de séjour. Sais-tu pour quelle raison ?

— Non. À cause d'un papyrus dont le contenu est pour nous secret. C'est Makaré qui a donné cette missive au prince de Byblos.

— Ma mère ? Encore ma mère ! Le papyrus était-il cacheté avec le sceau de Pharaon ?

— Je l'ignore. »

Rouddidite est abasourdie par toutes ces nouvelles. Pour les comprendre, elle reconstitue les événements passés : le vol du papyrus à Thèbes, le faux papyrus écrit par Antef, l'arrivée inattendue de son frère Ouni pour escorter Tétiki, emporter le papyrus et le confier à Makaré. Tant de mensonges, tant de cruautés et de moyens déloyaux pour confondre ses ennemis ! La jeune fille garde le silence.

« À quoi songes-tu ? s'inquiète Penou.

— Je songe au secret de ce papyrus.

— Oublions-le. Ne pensons qu'à être heureux. »

Au milieu de la nuit, Penou et Rouddidite rejoignent la maison de Dagan-Malik.

« Attends-moi ici pour que je prévienne Tétiki. »

Rouddidite s'installe sur la branche du figuier qui jouxte la maison où pénètre Penou. Dans la pièce du sous-sol, relativement protégée de la canicule, Dagan-Malik travaille encore, en lisant des tablettes d'argile.

« Penou ! s'écrie-t-il.

— Mets des fleurs à mon cou et sur ma tête, déclare Penou en une gracieuse pirouette.

— Es-tu ivre ?

— Oui. Je l'aime jusqu'à l'ivresse. Viens, ami, accueillir la plus belle, la meilleure, la plus parfaite créature sur terre.

— De qui parles-tu ?

— De Rouddidite. »

Dagan-Malik fronce ses sourcils d'étonnement et répond prudemment :

« Allons d'abord réveiller Tétiki et lui annoncer la joie de ton retour. »

Didiphor le premier pousse des cris d'allégresse. Tétiki, à moitié ensommeillé, sourit de bonheur.

« Comment as-tu réussi à t'échapper ?

— Rouddidite m'a délivré. »

Le sourire de Tétiki disparaît immédiatement.

« Alors partons, partons tout de suite. Dagan-Malik, fais préparer deux ânes.

— Maintenant ? s'étonne son hôte.

— Maintenant. C'est un piège. Un piège de Makaré pour nous voler le lapis-lazuli. Sa fille sert d'appât. Dépêchons-nous.

— Mais elle m'aime ! Elle a traversé le désert pour me sauver !

— Makaré aussi a traversé le désert. Pour quelle raison ? Pour te tuer. C'est elle qui t'a vendu aux caravaniers. »

Penou, un instant ébranlé par cette nouvelle, insiste :

« Puisque Rouddidite m'a délivré.

— Sa mère a dû modifier son plan. Elle est plus rusée qu'un serpent, plus cruelle qu'une panthère, plus rapace qu'un oiseau de proie.

— Tu ne crois pas qu'elle m'aime.

— Je ne te crois pas. Je ne crois plus personne. Dépêchons-nous ! Bientôt il sera trop tard. J'entends déjà la voix de Makaré ! »

Dagan-Malik et Penou échangent des regards consternés.

« Il va mal, très mal, murmure Malik.

— Il devient fou, constate Penou tristement. Il ne croit plus à la bonté des dieux. »

Tétiki parle fébrilement :

« Il faut partir tout de suite. Le pharaon assiège en ce moment la forteresse des Hyksos à Sharouen. Nous traverserons le désert et irons directement rejoindre l'armée.

— C'est impossible, impossible, répond Dagan-Malik. Vous ne pouvez pas traverser le désert de Syrie. Il n'y a pas de puits. Et les ânes ont besoin de beaucoup d'eau chaque jour[1].

— Alors ?

— Alors, Dieu n'ayant pas inventé un animal qui sache faire des provisions d'eau pour plusieurs jours[2], vous devrez remonter l'Euphrate, puis rejoindre Ougarit. Là, vous prendrez un autre bateau jusqu'au port de Gaza, en Canaan. Sharouhen est à deux petites journées de marche. Vous y serez dans un mois.

1. Un âne boit quarante litres d'eau par jour.
2. À l'époque, il n'y avait pas de chameau en Mésopotamie, ni en Égypte.

— Un mois ! Mais Makaré aura tout le temps de me voler la pierre bleue.

— Un bateau part à l'aube. Je connais le capitaine. Il vous emmènera. Je te donnerai deux ânes pour transporter le lapis-lazuli et des réserves d'eau. Je dirai pendant quelque temps que vous habitez encore chez moi. Ce sera plus prudent. »

Penou sort précipitamment retrouver Rouddidite.

« Tétiki ne veut pas que tu viennes avec nous. Il divague comme un fou. Il voit ta mère partout. Nous retournons en Égypte. Maintenant que nous avons la pierre bleue, Pharaon nous accueillera dans la joie. Ensuite plus rien ni personne ne nous séparera. »

À la pointe de l'aube, les voyageurs embarquent sur une barge chargée de céréales et de dattes.

« N'oublie pas de parler de moi à Pharaon », dit Dagan-Malik en serrant Tétiki dans ses bras.

Celui-ci lui répond à peine. Ses yeux furètent de tous côtés.

« N'as-tu pas entendu le rire de Makaré ? Son affreux rire ! demande-t-il.

— Occupe-toi de Rouddidite, murmure Penou à Dagan-Malik. Aide-la à revenir en Égypte pour que je l'épouse. Que les dieux t'accordent une bonne santé ! »

Le voyage est sinistre. Tétiki jette constamment des regards inquiets autour de lui, dort à peine, et répond par des absurdités. Aussi Penou ne s'adresse-t-il plus qu'à Didiphor pour évoquer la beauté de sa bien-aimée.

Un mois plus tard, la forteresse de Sharouhen, aux épais murs de pierre, aux terrasses crénelées, se dresse dans le crépuscule.

« Enfin nous retrouvons les Égyptiens ! s'exclame Tétiki.

— Tu as été pénible pendant tout ce mois, à te méfier de tout, à bondir au moindre bruit, au plus faible cri d'oiseau. Parfois, j'avais envie de te cogner la tête avec ton boomerang.

— Pardonne-moi, Penou, mais nous avons eu tellement d'ennuis pour cette pierre bleue que j'ai fini par croire que le dieu Amon était contre nous. Maintenant que j'ai accompli ma mission, mon cœur se remplit de joie. Pharaon ne pourra plus se méfier de nous puisque nous ramenons du lapis-lazuli. »

Le lendemain matin, quand une douce brise

marine rafraîchit l'air du troisième mois de la saison sèche, les deux amis approchent du campement égyptien. Ils perçoivent des bruits métalliques d'armes et des cris d'animaux. Enfin apparaît un soldat, tête et torse nus, le pagne court, portant un bouclier de bois recouvert de cuir et une lance à la pointe de cuivre.

« Qui êtes-vous ? crie-t-il en apercevant les voyageurs.

— Le messager royal pour le lapis-lazuli ! » répond Tétiki joyeusement.

Et en se rapprochant il précise :

« J'apporte à notre pharaon, vie, santé, force, la pierre bleue qu'il m'avait commandée », explique Tétiki d'un ton triomphant.

Le soldat fronce les sourcils.

« Comment te nomme-t-on ?

— Tétiki, fils de Ramose, nomarque d'Éléphantine. »

Le soldat prend un air préoccupé.

« Attends ici un instant. »

Puis d'un air gêné, il explique :

« On ne laisse pas n'importe qui entrer dans le camp du roi. C'est la guerre. »

Tétiki soupire. Mais tout lui semble délicieux : les enseignes qui flottent au vent, l'étendard de Thèbes, l'odeur du pain cuit et du poisson séché.

« Que se passe-t-il, s'inquiète Penou. On nous arrête !

— Mais non. La guerre exige la prudence ! Il y a tant d'espions partout ! »

Le soldat revient avec trois compagnons d'armes et un scribe.

« Donne-nous le lapis-lazuli », déclare-t-il.

Tétiki fait avancer les ânes.

« Connais-tu le poids de la pierre, demande le scribe en ouvrant son nécessaire à écriture.

— Un talent et trois mines. »

Le scribe prend son temps pour noter la marchandise et les modalités de la rencontre. Puis il repart avec les ânes. Tétiki s'apprête à le suivre, lorsqu'un soldat pose sa main sur son épaule.

« Je vous arrête, explique le soldat.

— Mais, puisque...

— Je vous arrête pour trahison. »

11

Sharouhen

Dans la tente-prison, surveillés jour et nuit, Tétiki et Penou restent la plupart du temps silencieux. Penou songe à Rouddidite, à ses cheveux noirs comme l'aile du corbeau, à ses lèvres rouges, à sa douce voix, à son odeur exquise. Tétiki écoute la rumeur du camp : les bavardages des soldats, les hennissements des chevaux, le sifflement des flèches, les ordres des capitaines pour prendre d'assaut la forteresse hyksos :

« Élevez le sol contre les murailles ! Construisez une tour en bois ! »

De temps en temps, Penou explose :

« Que les dieux me fracassent la tête si je comprends notre emprisonnement !

— Si seulement nous pouvions voir le visage du roi, répète Tétiki, il saurait lire au fond de nos cœurs. »

Depuis plusieurs jours, Tétiki demande en vain le privilège de s'expliquer devant Pharaon. Seul Didiphor a la liberté d'aller et venir, car on n'enferme pas l'animal qui accompagne la barque du soleil. Dans l'espoir d'aider son maître, Didiphor suit Ahmosis dans toutes ses activités : quand il inspecte les soldats, quand il se promène sur son char, quand il part à l'assaut de la forteresse, quand il se divertit le soir avec des chanteurs et des danseuses. Lorsque Pharaon le regarde, il pousse de petits cris rapides.

« J'ai soumis ce singe sous mes sandales, commente Ahmosis amusé, car il ne me quitte plus. Parfois j'ai l'impression qu'il veut me dire quelque chose. »

Un matin où Pharaon est d'humeur joyeuse, il ordonne à Didiphor :

« Va, va, je te suis. »

Aussitôt le petit singe se dirige vers la tente-prison. Le visage d'Ahmosis se rembrunit aussitôt.

« Ce singe appartient-il au fils de Ramose ? demande-t-il aux gardes. Que je ne le revoie plus jamais car grande fut ma tristesse en apprenant la trahison de son maître. »

À la stupeur des soldats, de l'intérieur de la tente, Tétiki ose répondre :

« Que Ta Majesté se garde de punir à tort. »

Pharaon, d'un geste furieux, soulève la porte de toile. Tétiki et Penou se précipitent la face contre terre.

« Comme oses-tu proférer ce discours ? déclare Pharaon. Tu m'étais précieux, serviteur fidèle sous mes deux pieds. Tu avais toute ma confiance et cependant tu m'as trahi. »

Tétiki relève légèrement la tête.

« Prends le temps d'écouter mes paroles, car la bouche d'un homme peut le sauver. J'ai été accusé faussement par tes ennemis. Je ne demande que ta justice.

— Ma justice va se faire connaître, car personne ne dira que dieu sur terre se laisse égarer par de faux bavardages. »

« Nous sommes dans de la crotte d'hippopotame. Personne ne viendra à notre secours, gémit Penou.

— La justice de Pharaon ne peut pas se tromper. »

Penou se fâche :

« Cela devient fatigant de te parler. Tu crois toujours avoir raison et tu répètes sans cesse les mêmes choses : Rouddidite est une espionne, Pharaon voit la vérité. En réalité, Rouddidite m'aime et m'a sauvé la vie. Et Pharaon se trompe et écoute de mauvais conseillers.

— Ton esprit est obscurci par la crainte et tu prononces des paroles irréfléchies.

— Au contraire, mon esprit voit très clairement qu'il n'y a aucun moyen de prouver notre innocence. Je le sais car j'ai des frissons dans le dos.

— Qu'est-ce qui te prend de douter de la sagesse du roi ?

— Il me prend que j'ai laissé à Babylone une fille que j'aime, pour me retrouver ici prisonnier et bientôt sur la rive de l'éternité. Et personne ne sait ce qui se passe vraiment sur la rive de l'éternité. Personne n'en est jamais revenu pour nous dire si c'était agréable.

— Maintenant tu doutes même de la sagesse des dieux ?

— C'est que... je suis très malheureux. »

Le quinzième jour du quatrième mois de la saison sèche, Ahmosis, assis sur un trône en bois de santal devant sa tente brodée d'argent, sous un dais soutenu par des poteaux d'or, rend la justice. Un épais tapis est jeté sur le sol, et une bonne odeur d'encens se répand dans l'air du matin.

Près de lui, sous des parasols, se tiennent le scribe royal, le chancelier des Asiatiques, le secrétaire des paroles secrètes de la Demeure Vénérable[1], le capitaine de la charrerie et les chefs des divisions. Quatre gardes amènent Tétiki et Penou. Tétiki, le premier, baise le sol et déclare :

« Si je mens, que je sois mutilé et envoyé dans le désert d'Éthiopie. »

Pharaon se tourne vers le scribe royal.

« Qu'as-tu consigné lors du départ de ce garçon ? »

Le scribe royal déroule un papyrus et lit :

« En la treizième année du règne d'Ahmosis, le troisième jour du premier mois de l'inondation, Pharaon a nommé messager royal Tétiki, le fils de Ramose, nomarque d'Éléphantine. Il lui a confié un collier à triple rang de turquoises et de perles, et une lettre destinée au prince de Byblos. L'escorte a reçu pour le voyage cinquante pains, deux ânes, une ordonnance, quatre serviteurs, deux... »

---

1. La Demeure Vénérable correspond au palais de justice.

Pharaon fait signe au scribe de s'interrompre et s'adresse à Tétiki :

« Qu'as-tu fait de la lettre et du collier ?

— Ils ont disparu dans une tempête de sable. Malgré cela j'ai marché dans le désert jusqu'à Byblos où je fus emprisonné sans en comprendre la raison. J'ai réussi à m'évader pour te ramener le lapis-lazuli destiné à la barque de ton père Amon, car je te suis resté fidèle.

— As-tu des preuves de ta bonne foi ? »

Tétiki secoue tristement la tête. Le chancelier des Asiatiques prend alors la parole :

« Je peux confirmer que le prince de Byblos, en ma présence, a accusé Tétiki de trahison envers le grand roi d'Égypte, de complicité avec les Hyksos, et d'abus de confiance auprès du prince. Alors Tétiki a été confié à une noble dame du nom de Makaré, chargée de lui faire dénoncer ses complices. Par la suite le garçon s'est évadé et s'est réfugié chez une tribu de Bédouins benjaminites. »

Pharaon, furieux, se tourne vers Tétiki et dit :

« Non seulement tu m'as trahi, toi en qui j'avais mis ma confiance. Et maintenant tu oses mentir devant mes yeux et mes oreilles.

— J'ai dit la vérité, répète Tétiki. Pourquoi serais-je revenu dans le camp égyptien si j'étais un traître ? Pourquoi aurais-je rapporté la pierre bleue si j'étais ton ennemi ? »

Le Pharaon paraît troublé et ferme un moment les paupières pour méditer. C'est alors qu'une femme avec un gros bandeau rouge sur un œil, une robe longue de même couleur, à la mode asiatique, déclare d'une belle voix rauque :

« Je viens de la part du prince de Byblos t'apporter le papyrus qui lui était destiné. Tu pourras ainsi mesurer la perfidie de ce garçon. »

Et elle tend le papyrus au scribe.

Le scribe lit à haute voix :

« Un ami de Pharaon dit ceci au prince de Byblos : "Ce garçon, Tétiki, a fui la colère du roi en passant clandestinement la frontière. Sache qu'il est à la solde des Hyksos, chargé de trouver des armes à Byblos pour les aider à reconquérir l'Égypte. Il doit aussi convaincre les Bédouins benjaminites de combattre les Égyptiens. Sache que Sa Majesté se porte comme le soleil." »

Pharaon jette sur Tétiki le regard foudroyant d'un lion en colère.

« Oseras-tu maintenant répéter tes mensonges ?

— Je n'ai pas menti. J'ai dit la vérité », répète le garçon.

Pharaon explose d'indignation :

« Alors qui a écrit cette lettre ? Tant que je l'ignorerai tu iras dans le désert et... »

Un vacarme interrompt le souverain. À quelques centaines de pas, des soldats courent après une jeune fille qui se faufile entre eux comme un poisson entre les roseaux.

« Laissez-moi ! Laissez-moi passer ! crie-t-elle.

— Rouddidite ! » murmure Penou.

Les cheveux et la tunique en désordre, la peau couverte de poussière, tout essoufflée, la jeune fille se jette sur le sol.

« Que Ta Majesté daigne m'entendre ! »

Deux gardes se précipitent pour l'arrêter lorsque Pharaon prend la parole :

« Qu'elle parle. Dans cette situation triste et pénible, Ma Majesté veut connaître toute la vérité. »

Rouddidite tend un papyrus roulé.

« Voici le papyrus que tu as confié à Tétiki. »

Pharaon le tend au scribe qui lit :

« Moi Pharaon, d'Égypte, à mon ami le prince de Byblos, je dis : "Reçois avec bonté le messager qui t'apporte ce courrier. Aide-le à acheter du lapis-lazuli pour la barque sacrée d'Amon. Je t'envoie ce collier..." »

— D'où vient ce papyrus ? interrompt Pharaon

exaspéré en jetant son regard d'aigle sur la jeune fille. Si tu dis une seule parole menteuse, tu iras en prison. »

Rouddidite relève la tête.

« Je me suis rendue chez un espion du nom d'Antef qui gardait précieusement la lettre que tu avais dictée au scribe royal. Je la lui ai dérobée. Il l'avait gardée dans un coffre car c'est lui qui a écrit la missive accusant Tétiki.

— Qui croire ? » murmure Pharaon.

Alors Rouddidite se tourne vers la femme au bandeau rouge.

« Devant vous se tient ma mère. C'est une espionne qui organisa avec Antef la tentative de pillage de la tombe de Taa le Brave. Reconnaissez-la ! »

Rouddidite s'avance, arrache le large bandeau derrière lequel se dissimulait le beau visage de Makaré.

« Je la reconnais, dit le chancelier des Asiatiques. Elle se nomme Makaré. Elle est une noble dame auprès du prince de Byblos.

— Je la reconnais, dit le secrétaire des paroles secrètes de la Demeure Vénérable. Elle tenait une maison de bière à Thèbes et dut s'enfuir, comme tous les espions, lors de la victoire.

— Cette femme est ma mère », déclare Rouddidite.

Un long silence suit cet aveu. Puis la jeune fille s'adresse à Makaré :

« Tu m'as fait grandir dans la haine des Égyptiens. Tu m'as sacrifiée à ta vengeance et rempli le cœur de mensonges. Tu m'as fait vivre auprès d'un homme malade et méchant. Avec lui tu as comploté pour faire mourir Tétiki et Penou car ils t'avaient empêchée de voler la tombe de Taa. Maintenant le dieu Amon-Rê et la déesse Hathor m'ont éclairée. Je veux vivre dans l'amour et la sagesse de Pharaon. »

Sur le visage d'Ahmosis s'épanouit un sourire lumineux.

« Grâces soient rendues à mon père Amon, qui me conduit sur le chemin de la justice. Je me réjouis que le fils de Ramose me soit resté fidèle. Perdre un ami me remplit toujours de chagrin. »

Et se tournant vers le chef de la charrerie :

« Qu'on lui donne un char et qu'il fasse partie de ma royale escorte.

— Je brille à cause de l'amour que tu me portes », murmure Tétiki en baisant le sol.

Penou laisse couler des larmes de bonheur. Ahmosis rayonne de joie d'avoir donné à ses sujets une preuve de sa divine sagesse. Il se tourne vers Makaré.

« Tu essayes en vain de confondre le grand dieu d'Égypte et Ma Majesté. Mais ton impuissance désarme ma colère. Tes échecs me font pitié et je te laisse la vie. Va dans la forteresse de Sharouhen, chez tes amis. Dis-leur que c'est Amon, le dieu, qui nous envoie et qu'il soutiendra ma vaillance pour m'emparer de leur ville avec la force d'un torrent. Alors je laisserai mes soldats se livrer au pillage. »

S'adressant à Rouddidite, il ajoute :

« Retourne à Thèbes. Annonce que Pharaon reviendra bientôt célébrer la victoire, car les Hyksos sont épuisés et affamés. »

Dans le campement des charriers, bien délimité par une rangée de boucliers plantés dans le sol, Tétiki admire son char. Fabriqué à Babylone, il est solide, avec des moyeux de bronze et des roues en bois de caroubier. Penou examine les sabots, les oreilles, les yeux, la croupe des deux chevaux en leur disant mille mots de tendresse. Puis il les attelle. Les deux amis s'installent joyeusement dans le char.

« C'est moi qui avais raison, dit Tétiki en riant, Pharaon sait lire au fond des cœurs.

— C'est moi qui avais raison. Rouddidite m'aime et nous a sauvé la vie. J'ai enfin compris le rêve de la déesse Hathor. Elle me chassait de son ventre et de sa chaleur pour que je découvre l'amour avec Rouddidite. Sais-tu que l'odeur de ses cheveux évoque celle du santal, avec un parfum de miel du désert, mêlé à un léger arôme d'encens et que sa peau...

— Le bonheur te fait perdre l'esprit ! Allons rejoindre l'escorte de Pharaon ! Didiphor ! Où es-tu ? »

Le singe saute lourdement dans le char.

« Que tu es gros ! Tu t'es encore goinfré près de la tente royale ! »

Ahmosis, portant l'étincelant casque bleu du commandement militaire et sa massue d'ivoire, monte seul sur son char. Aussitôt, des créneaux de la forteresse, une pluie de flèches tombent autour de lui. Les archers égyptiens répondent en envoyant leurs traits sur les créneaux d'où les blessés tombent en hurlant.

Indifférent à cette agitation, Pharaon parcourt les trois divisions d'infanterie, réparties en compagnies de deux cents hommes regroupés derrière leur enseigne. Pieds nus, vêtus d'un simple pagne, les piquiers, protégés par un bouclier de bois et de cuir, les archers aux flèches terminées par des pointes en cuivre, avancent au son de la trompette. Puis, sur leurs chars, défilent les combattants et leurs écuyers.

Lorsque le défilé est terminé, Pharaon déclare :

« Nous attaquerons dans trois jours. »

Au milieu de l'après-midi, lorsque la chaleur commence à décroître et que Pharaon sort de sa tente après la sieste de la mi-journée, le scribe de la tente royale annonce :

« Un Bédouin des Fils du Sud vient t'annoncer que le désert est tranquille et qu'un lion se trouve dans les parages. »

Les yeux de Pharaon brillent de plaisir.

« Ma chasse préférée ! Partons immédiatement.

— Que Sa Majesté songe à se méfier », suggère Tétiki.

Pharaon rit.

« Les lions, heureusement, ne sont pas des espions. »

Une heure plus tard, Tétiki et Penou, accompagnés de six autres charriers, suivent Ahmosis. Devant lui marche le Bédouin qui indique la direction à prendre. Autour d'eux du sable, des rochers et quelques rares et courtes plantes.

Lorsque le soleil descend vers l'horizon, Pharaon ralentit et s'étonne :

« Où se trouve donc ce lion ? »

Le Bédouin prend un air évasif.

« Je n'ai vu aucune empreinte », insiste Ahmosis.

À ce moment-là quatre chars apparaissent à l'horizon, soulevant un nuage de sable, et le Bédouin s'enfuit en courant.

« Les Hyksos ! C'était un piège ! s'exclame Tétiki. Des Bédouins sont avec eux ! »

Bientôt les chars ennemis sont à portée de flèche. L'un crie :

« Visez Pharaon !

— Visez le combattant et le nain ! » dit un autre.

Un char ennemi s'approche dangereusement de Tétiki, qui bande son arc, lorsqu'il entend derrière lui :

« De la part de Makaré. »

Il se retourne. À cinq pas, Ouni le vise avec une flèche.

« Attention ! » crie Penou, qui brandit son bouclier devant son ami.

Didiphor a juste le temps de sauter sur le bras de l'archer et d'incliner la flèche, qui se fiche dans le sol. Pharaon, d'un coup de massue, frappe à la tête Ouni, qui s'écroule dans son char.

Quatre ennemis déjà sont à terre et deux chars renversés.

« Détachez leurs chevaux ! » ordonne Pharaon.

Devant le désastre, le dernier char conduit par des Bédouins s'enfuit, et Penou fouette les coursiers.

« Au galop, mes doux, mes bons, mes beaux chevaux, rattrapons l'ennemi ! » s'écrie-t-il.

Longtemps, poursuivants et poursuivis roulent à la même allure. Soudain, le char des Bédouins bute sur une grosse pierre et bascule.

« Victoire ! Nous allons les transformer en cadavres ! » s'exclame Tétiki.

Mais à leur stupéfaction, les deux Bédouins coupent les courroies de l'attelage et sautent sur leur monture.

« Ils s'assoient sur leur cheval ! constate Tétiki, médusé.

— Faisons comme eux ! » s'enthousiasme Penou.

Le nain a vite fait de dénouer les courroies et de sauter gracieusement sur sa monture. Tétiki a des difficultés pour se hisser sur son coursier. Hélas ! Le plus difficile reste à faire et les nouveaux cavaliers ont bien du mal à ne pas se laisser désarçonner. Au loin, les Bédouins s'enfuient au grand galop. Lorsque ceux-ci ne sont plus qu'un point minuscule à l'horizon, Tétiki avoue, vexé :

« Ils sont plus rapides que nous !

— Pourtant, ce ne doit pas être si difficile de monter à cheval. Regarde, j'ai compris ce qu'il faut faire. Il suffit de se tenir assis, tout tranquillement. C'est très simple.

— Je m'entraînerai jour et nuit, grommelle Tétiki. En attendant, retrouvons notre char. Je veux être là quand nous nous emparerons de la forteresse.

— Veux-tu que nous fassions la course ? demande Penou qui s'éloigne au petit trot.

— Tu triches ! Tu es parti le premier ! »

Quelques jours plus tard, Pharaon et son escorte retournent à Thèbes. Le pays bien-aimé est dans l'allégresse de l'inondation. L'eau recouvre les champs, et sur des barques de papyrus, une foule d'enfants plongent et lancent des ballons.

Enfin apparaît la capitale, les étendards colorés, les pylônes et les obélisques du temple. Devant la porte du palais, Rouddidite, ses cheveux noirs, ses lèvres rouges, sa douce voix, son odeur exquise attendent le retour des vainqueurs.

« Te voilà enfin ! Qu'est-ce qui te réjouirait maintenant ? demande-t-elle à l'écuyer couvert de poussière.

— Me laver, étendre de l'huile sur ma peau, m'épiler, me parfumer, me vêtir de lin blanc très fin, et te prendre dans mes bras.

— Antef est-il à Thèbes ? s'inquiète Tétiki.

— Ma mère est venue le chercher en bateau. Ils ont fui tous les deux. N'y pensons plus. C'est un jour heureux.

— Oui. C'est un jour heureux ! »

Épilogue

Un an plus tard, Nofret, dans une longue robe attachée sous la poitrine, sort de sa maison en jouant de la harpe d'épaule. Elle déambule lentement entre les deux tentes en peau de chèvre qui encombrent son petit jardin. Elle chante :

Levez-vous, amis fidèles et avisés,
Qui par Pharaon tant admiré
Ont été bien récompensés.

Dagan-Malik sort une tête ébouriffée.

« Quel plaisir d'être réveillé par ta voix, Nofret. Elle est plus claire que celle des hirondelles.

— As-tu bien dormi ?

— Tout va bien, tout va très très bien.

— Dépêchez-vous ! Des servantes vous attendent pour vous laver et vous parfumer », déclare la harpiste.

Tétiki sort de la maison, déjà habillé d'une robe plissée transparente et d'un collier à triple rang d'or. Dagan-Malik le serre dans ses bras.

« Mon ami, mon frère, veux-tu écouter les paroles que m'a dites hier le grand pharaon d'Égypte ?

— Je les connais déjà, dit Tétiki en riant.

— Tu les as mal entendues, car il y avait du vent dans les arbres. Laisse-moi te les répéter. Le roi, devant qui je suis poussière, m'a dit : "Dagan-Malik, sans ton aide Amon-Rê n'aurait pas eu la barque magnifique que je lui destinais. Pour te remercier, outre ce char et son attelage, je t'accorde le privilège d'acheter pour mon armée et mon palais les armes et les objets en bronze que ton peuple sait fabriquer. On les dit très résistants."

— Et à moi, intervient Tagi, il a dit : "Pour te remercier d'avoir protégé mon messager royal et son ami Penou, je te charge d'acheter les chevaux dont mon pays a besoin. On les trouve dans une région proche de ton oasis[1]." »

---

1. Les chevaux étaient élevés pour la vente, au nord-ouest de la Babylonie, à Qatna, dans la plaine d'Homs.

Dagan-Malik serre à nouveau Tétiki dans ses bras.

« Heureux soit le jour où je t'ai reçu dans ma maison. J'ignorais alors que tu serais honoré du titre de “combattant du prince” et que tu recevrais une maison près du palais. »

Sasina, maquillée, fardée, les yeux cerclés de noir, un petit cône de graisse parfumée sur la tête, les tresses décorées de fleurs, apparaît sur le seuil, rouge de timidité et de coquetterie. Dagan-Malik est ébloui.

« Qu'elles sont belles ! Je voudrais les avoir toutes deux dans ma maison.

— Jamais Nofret ne quittera Thèbes et Pharaon, répond Tétiki en riant. Épouse Sasina, vous êtes de la même tribu benjaminite. Elle se plaira à Babylone.

— Tu as raison. Je te remercie beaucoup, beaucoup de ce conseil et je vais demander tout de suite à Artatama sa fille pour être ma femme.

— Attends demain. Pour le moment, le chef ne songe qu'aux cent moutons, aux vaches, ânes et chevaux offerts par Pharaon.

— Et Penou ? Où est Penou ?

— Il est parti avec son épouse.

— Je ne pensais pas qu'un jour Penou épouserait Rouddidite, remarque Tétiki. Et toi, Nofret ?

— Moi ? J'en étais certaine, dit-elle avec un petit

sourire en songeant à la fleur qui fait aimer. La déesse Hathor a toujours entouré Penou de ses faveurs. »

Puis d'un ton impatient, elle ajoute :

« Dépêchez-vous ! le dieu va bientôt partir. »

Devant le grand pylône du temple de Karnak, une foule d'Égyptiens et d'étrangers attendent joyeusement la sortie du dieu. On mange, boit, bavarde, joue et danse au son des flûtes et des tambours.

De l'allée des Béliers parviennent des cris enthousiastes. Intrigués, Tétiki et ses compagnons se dirigent vers le bruyant attroupement. Au milieu d'une foule ébahie, Penou caracole à cheval, avec ses nouvelles amulettes en or offertes par Ahmosis : vautour, cobra, pousse de papyrus, croix ansée et petit cœur qui tintinnabulent gaiement. À ses côtés, Rouddidite, simplement vêtue d'un pagne et d'un collier, exécute des figures sur son cheval. Didiphor sautille autour d'eux en agitant un sistre d'or au manche représentant la déesse Hathor.

Les spectateurs s'émerveillent de l'audace et de la nouveauté de ces prouesses et maints jeunes gens rêvent de devenir cavaliers.

« En rentrant, j'apprendrai à monter à cheval », déclare Tagi.

Dagan-Malik fait une petite moue :

« Cela m'étonnerait fort que cette pratique ait de l'avenir. Se tenir assis sur un animal rapide et indocile est trop dangereux. Et de surcroît très, très inconfortable. Rien ne vaut un bon char avec un bon coussin. »

Les lourdes portes du temple s'ouvrent devant le cortège des divinités. Bien dissimulé dans son tabernacle, sur une petite barque en bois portée par des prêtres au crâne rasé et revêtus d'une peau de panthère, la statue d'Amon avance dans des nuages d'encens. Derrière lui suivent la barque de son épouse Mout, celle de son fils Khonsou et celle de Pharaon. Les porteurs cheminent jusqu'au Nil, tout proche pendant le temps de l'inondation. Alors apparaît sur le fleuve la grande barque sacrée d'Amon. Elle est si étincelante que la foule murmure d'admiration. Entièrement recouverte d'or et de lapis-lazuli, elle dresse vers le ciel ses obélisques, ses statues, ses béliers, bleus et dorés, couleurs du ciel et du soleil. Sur ce temple flottant, devant les obélisques, les prêtres déposent soigneusement la petite barque portant la statue d'Amon.

Puis l'embarcation sacrée se dirige vers Louxor, où s'élève la maison privée d'Amon. Les yeux éblouis contemplent longtemps le cortège et chacun se réjouit en son cœur. Car de mémoire d'Égyptiens, depuis le temps où ils vivaient sur la terre, les dieux n'avaient été si grands dans le ciel et si puissants au pays bien-aimé.

TABLE

PAPIER À BASE DE
FIBRES CERTIFIÉES

Le Livre de Poche s'engage pour
l'environnement en réduisant
l'empreinte carbone de ses livres.
Celle de cet exemplaire est de :
280g éq. CO_2
Rendez-vous sur
www.livredepoche-durable.fr

« Pour l'éditeur, le principe est d'utiliser des papiers composés de fibres naturelles, renouvelables, recyclables et fabriquées à partir de bois issus de forêts qui adoptent un système d'aménagement durable. En outre, l'éditeur attend de ses fournisseurs de papier qu'ils s'inscrivent dans une démarche de certification environnementale reconnue. »

Édité par la Librairie Générale Française - LPJ
(43 quai de Grenelle, 75905 Paris Cedex 15)

Composition Jouve
Achevé d'imprimer en Espagne par BLACK PRINT CPI IBERICA
Dépôt légal 1re publication janvier 2015
32.2432.6/06 - ISBN : 978-2-01-322432-1
Loi n° 49-956 du 16 juillet 1949 sur les publications destinées à la jeunesse
Dépôt légal : janvier 2015